Enrique José Varona

Ensayos

Barcelona **2024**
Linkgua-ediciones.com

Créditos

Título original: Ensayos.

© 2024, Red ediciones S.L.

e-mail: info@red-ediciones.com

Diseño de cubierta: Michel Mallard.

ISBN tapa dura: 978-84-1126-185-2.
ISBN rústica: 978-84-9816-853-2.
ISBN ebook: 978-84-9897-677-9.

Sumario

Brevísima presentación

La vida

Enrique José Varona (1849-1933). Cuba.

Principal representante del positivismo en Cuba. Tras una inicial formación autodidacta en literatura, sociología, psicología y filosofía, y siendo ya una figura de reconocido prestigio académico y político se licenció y doctoró en Filosofía en 1891. Ya había publicado en la *Revista de Cuba* una serie de artículos filosóficos, entre los que sobresalen «El Positivismo», «La moral en la evolución», ambos de 1878 y «La metafísica en la Universidad de La Habana», de 1880. Vinculado en un principio al movimiento por la independencia, se adscribió después al Partido Autonomista y fue elegido diputado a Cortes en 1884. Atraído otra vez por Martí para la causa independentista, dirigió desde el exilio el periódico *Patria*.

Durante la ocupación norteamericana de Cuba fue nombrado secretario de educación iniciando una reforma de la enseñanza. Más tarde fue presidente del Partido Conservador y ocupó la vicepresidencia de la República en 1913.

Retirado de toda actividad política trabajó en su cátedra de sociología en la universidad. Durante la mayor parte de su vida intelectual, Varona, asumió posturas positivistas influidas por las ideas de Spencer y Stuart Mill. Sin embargo alrededor de 1912 su pensamiento estuvo marcado por el escepticismo. En sus últimos años condenó la dictadura de Gerardo Machado.

El Positivismo

Le Positivisme, par André Poey-París, Germer-Bailliere, 1876

Cuando un inesperado renacimiento fija la atención de los hombres estudiosos de Cuba en el gran espectáculo que representa en nuestros días la vida especulativa, cuando la juventud que avanza llena de entusiasmo oye a cada paso hablar de una ciencia moderna y de una filosofía nueva que sobre ella se cimenta, le pide sus métodos y la abraza y la completa; la aparición de un libro de filosofía positiva escrito por un cubano eminente, que exhibe incontestables títulos, heredados y adquiridos, de competencia científica, es acaecimiento de sobrada importancia para que la Revista de Cuba no le consagre benévola atención y minuciosa crítica.

A ejercerla vamos, sin apasionamiento, pero con firmeza. Creemos tener aquilatado el valor social del oficio que debe desempeñar la crítica en una época que se complace de investirse en ese título. Pesar y medir ajenas opiniones establece deberes estrictos de equidad, mesura y buena fe que contrapesen los derechos de que espontáneamente tomamos posesión. No faltaremos a ellos por voluntad nuestra, y en este caso menos que en otro alguno, por muy especiales circunstancias. El señor Poey tiene legítimamente adquirida una gran reputación como naturalista y meteorólogo, y al presentarse hoy descubiertamente como mantenedor de una doctrina filosófica se coloca en un campo por donde también hemos pasado nosotros.

Esta manifestación sincera exige algunos ligeros esclarecimientos, a que se perdonará lo personal, en gracia de lo necesario.

Salido apenas del aula el que esto escribe, con una preparación puramente literaria, con mal trabados principios en el orden científico y vagas nociones metafísicas, por más que hacia cuidadosa enumeración de los conocimientos allegados, no le era posible concertarlos, ni referirlos a un todo verdaderamente sintético. El gran problema de la conjunción de lo objetivo y lo subjetivo estaba para mi siempre propuesto y nunca resuelto. Oí hacer referencia por entonces a la doctrina positivista, como la única que realizaba esa síntesis a que tendía mi espíritu mal disciplinado.

Me apliqué con fervor a su estudio y, por suerte, cayó en mis manos el trabajo de uno de los mas felices expositores del sistema de Comte, Celestino de Bligniéres. Es probable que en aquel tiempo el estilo escabroso, los períodos interminables y el dogmatismo autoritario del maestro me hubieran distraído de la lectura dé su obra fundamental. La construcción del edificio me deslumbró. Aquel andamiaje de nociones científicas, la aparente trabazón de las partes, lo valedero de los datos sacados todos del inmenso depósito de las observaciones y experiencias acumuladas por tantos siglos, lo riguroso de las inferencias y lo neto de las conclusiones, realizadas por el tono convencido y convincente en que estaban enunciadas, me hicieron el efecto no ya de un sistema, sino de un descubrimiento. Instintivamente, por decirlo de este modo, asentí al propósito de incorporar las ciencias a la filosofía, y me penetró el valor del instrumento que aplicaba Comte a sus construcciones, el método objetivo. Pero hice entonces, y debo hacer ahora, dos reservas de alta importancia. Encontré extraña la pretensión de fundar una religión demostrada, y rechacé en todas sus partes la constitución futura de la sociedad, a la vez dictatorial, oligárquica y teocrática.

No podía apreciar en aquel tiempo donde estaba el vicio radical de esas dos elaboraciones que se presentaban como secuelas de una doctrina excelente; pero mis sentimientos más acendrados y los preceptos a que desde la infancia se había amoldado mi inteligencia me hacían aborrecible esa extraña tiranía, decorada con títulos exhumados de donde debían yacer para siempre.

Pedí explicaciones y comentarios a los discípulos más eminentes, y pronto Littré me dio la clave del enigma. Penetré por primera vez en el santuario, y vi sin las vestiduras sacerdotales al Gran Maestro que se me había querido mostrar siempre desde la trípode. Hallé detrás de la obra al Autor, conocí las tres crisis mentales que dejaron señalado con sello tan indeleble sus lucubraciones; y pude apreciar en todas sus fases las aberraciones de aquel espíritu cada vez más desvanecido de presunción y soberbia. Vida digna de estudio fue, sin duda, la del fundador del positivismo francés, no por la grandeza de carácter del protagonista, ni por lo notable y ruidoso de sus acciones, sino por la mucha enseñanza que de ella se desprende a la consideración del filósofo. Esa vida nos enseña como la obra representa siempre los estados subjetivos del autor. Vivamente poseído por el método de las ciencias naturales que habían ocupado su primera preparación mental, Comte en su primera época extiende y preconiza el método inductivo, sigue la gran corriente moderna que fija en la experiencia el último e irrevocable criterio, y entra en las vías de la gran reforma filosófica de nuestro tiempo, que huye de las afirmaciones extremas, escollo donde han naufragado las anteriores. En todo este período de la concepción comtista, predomina razonablemente lo objetivo, y las generalizaciones filosóficas nacen de las conclusiones legítimamente aceptadas por las ciencias; más adelante, la interdicción de toda lectura que refrescara las nociones adquiridas y aumentara su caudal con las nuevamente elaboradas al exterior, graves sacudidas en el orden afectivo, una viciosa concentración de las fuerzas mentales, y por último perturbaciones funcionales del órgano del pensamiento fueron dando la preponderancia al elemento subjetivo, y Comte, juguete de la más extraña alucinación, puso mano a derrocar su obra, creyendo elevar su coronamiento. Lanzándose a velas desplegadas en el procedimiento a priori, parece que se propuso eclipsar los delirios de los más febricitantes soñadores; y el sesudo geómetra de la Escuela Politécnica, el docto biólogo capaz de juzgar a los Broussais, el autor del Sistema de la Filosofía Positiva, se convierte en el sectario socialista de la política positiva y en el mistagogo poseído de la Religión del Porvenir, en el Sumo Sacerdote del Gran Ser, revelador del misterio futuro de la Virgen Madre.[1]

Capaz ya de juzgar la obra y su creador, me allegué a los principios de Littré, que rechazando toda la segunda época de Comte, introduce en las doctrinas de la primera restricciones necesarias y hábiles enmiendas que le dan un carácter más científico y menos dogmático.

---

[1] Ni estas críticas, ni las posteriores, significan ciertamente que no deba considerarse a Comte como un profundo pensador, en cuyas obras se encuentran a cada paso rasgos de singular penetración y extraordinario alcance. Y si en lo que respecta a las conclusiones de su Política y Religión positivas nada tengo que rectificar, en lo que se refiere a la censura del método que empleó para estas construcciones, me parece que hay que proceder con más tiento. Ni debe aceptarse, ni condenarse en absoluto; atendiendo a que aun cuando la sociología haya de elevarse sobre una amplia base de descripciones, análisis y comparaciones de hechos, no se puede renunciar a las construcciones hipotéticas, que, cual más, cual menos, abren las puertas al método a priori. Nota de 1882.

Pero así y todo, el positivismo de Littré, guarda demasiado el sabor de su origen, tiene demasiado la pretensión de haber dicho la última palabra tocante a la síntesis que debe abrazar y a valorar todos nuestros conocimientos, para que su cotejo con doctrinas mas modestas y más valederas no obstante, dejara de serle desfavorable en un espíritu tan poco dado a estancarse sistemáticamente, como el del autor de estas líneas. El deseo de conocer todos los adherentes de la doctrina que profesaba (¿procesaba?), me llevó a estudiar algunos filósofos ingleses designados en Francia como positivistas. Me encontré en un mundo nuevo. La escuela inglesa era, sin duda, positivista; pero sin haber pasado por Comte. Había heredado como él, los métodos experimentales, como él hacía caudal de los datos presentados por las ciencias inorgánicas y orgánicas para las generalizaciones más comprensivas y para la determinación de las leyes últimas, como él reconocía un límite infranqueable a la disquisición subjetiva, prescindía de la investigación de las causas primeras y finales, desterraba la ontología y borraba de una vez para siempre la noción de lo sobrenatural. Al mismo tiempo hacía muchas cosas que había dejado de hacer Comte. Reducía a cuerpo de doctrina la inducción y sus procedimientos, rehaciendo y completando la lógica; avanzaba en el estudio de los fenómenos físicos y llegaba a la gran ley de la equivalencia de las fuerzas, y aseguraba sobre bases indestructibles la evolución orgánica; separaba netamente la psicología de la biología, estudiaba y descubría sus leyes preparando las de la sociología y trataba por el método de la observación y la verificación todos los problemas fundamentales de la razón humana, dejando solo fuera de su dominio aquellos que hasta aquí no han podido ser sometidos a esa disciplina. Libre de todo dogmatismo, en plena evolución que no pretende imponer límites al anhelo y necesidad de investigar; esta escuela asienta sus afirmaciones sin temeridad, y ha recorrido un espacio no menos vasto que el que presenta aún por recorrer. En ella encontré resuelto ese problema de la filiación histórica que tan dogmáticamente determina a su favor la escuela positivista francesa, y que es la mayor garantía del vigor y vitalidad necesarios para continuar en vías de progreso. Estudiando sus más eminentes sustentadores, navegaba yo por un dilatado océano, dejando atrás, como un faro que alumbra riberas adonde no se ha de volver, el positivismo comtista.

Creo que esta somera exposición de las diversas fases que ha recorrido mi espíritu basta para que se comprenda que estoy muy lejos de considerar desprovisto de valor el positivismo francés, en cuanto representa una tendencia característica de la filosofía moderna, la de sustituir al estudio de lo absoluto, del noúmeno, el de lo relativo, de lo fenomenal; si bien me aparto de él en muchas de sus más importantes conclusiones, aun atenuadas por el talento mas perspicuo y reposado de Littré, de quien únicamente debe esperar ese sistema la vitalidad necesaria para sostenerse con un carácter doctrinal aceptable.

En esta disposición de ánimo, la obra del señor Poey no podía dejar de llamar mi atención y avivar mi curiosidad. Por desgracia, el estudio de la filosofía ha sufrido no solo grave paralización, sino que ha retrogradado entre nosotros. Por lo tanto una obra escrita con el criterio de una de las escuelas que tienen por norte la renovación de ese estudio, y mucho más una obra de vulgarización, me parecía venir muy a punto para sembrar y difundir la afición a los verdaderos métodos y a las amplias generalizaciones. Este era el menor servicio que esperaba yo de la obra del señor Poey, cuyos antecedentes científicos me lo hacían presumir afiliado a la escuela littreísta. Grande y penoso desengaño me ha proporcionado la lectura de su trabajo, y muy principalmente al considerar que es solo como el prefacio de una Biblioteca que se propone publicar, toda ella consagrada a la difusión de las doctrinas que sustenta con calor y convicción.

El señor Poey vuelve resueltamente a Augusto Comte y se esfuerza en demostrar:

Que el fundador del positivismo trazó los límites de la única filosofía posible;

Que ha sido el precursor de todos los recientes descubrimientos físiconaturales;

Que ha creado y perfeccionado la sociología; descubriendo sus leyes últimas, y aplicándolas en el más perfecto sistema de gobierno;

Que ha sido el apóstol de la nueva religión en que ha de fundirse el cristianismo, el legislador de sus ritos y el fundador de su organización.

Exageradas unas, otras inadmisibles, estas proposiciones merecen detenida crítica. No se le ocultó al señor Poey que habían de suscitar contradicciones, y trató de fortificarse contra los argumentos así extrínsecos como intrínsecos que pudieran oponérsele. Veamos si lo ha logrado.

El señor Poey confiesa que su maestro sufrió tres crisis cerebrales; y está comprobado que en su juventud estuvo largo tiempo atacado de enajenación mental. El resto de su vida prueba que el desarreglo funcional de su cerebro continuó más o menos latente; y bastaría el examen de sus últimas obras para demostrar que son el producto de un órgano en estado morboso. La excentricidad de sus costumbres, la irascibilidad de su carácter, su soberbia solo comparable a la ingratitud con que hirió a todos sus bienhechores, harían aborrecible aquel hombre, si no se supiera que una excesiva concentración mental y trabajos arduos, continuados y prematuros minaron desde temprano su integridad cerebral y nublaron a intervalos su razón.

Con estos solos datos, ¿quién no creerá prudente acoger con reserva y no aceptar sin pausado examen las doctrinas de tal filósofo? Los discípulos más fervientes no dejan de conocer este lado desgraciadamente tan débil, y hacen esfuerzos desesperados por atrincherarlo. La alucinación de Paulo en el camino de Damasco, las de Mahoma y de Newton, todos los extravíos célebres de algunos grandes hombres, sin excluir el genio de Sócrates y el demonio de Lutero, han sido alegados con tanta inoportunidad como insistencia. El señor Poey llega hasta a exclamar en un rapto de lírico entusiasmo: «fue locura, pero fue la locura del grande hombre, tronando en medio de los relámpagos deslumbradores del genio, inundando de luz las noches caóticas de lo pasado y porvenir: fue la locura que respeta la obra». (pág. XV)

En diversos lugares de la suya vuelve el señor Poey sobre esta idea importuna, que le punza como espina no bien extraída. Bueno será recordarle lo que su gran maestro dijo de Saint Simon: «Piensa ser una excepción a las leyes fisiológicas, creyendo que no hay edad para él, y que vale hoy más que hace veinte años. (Lettré a Mr. G. de Eichtha.)» Si esto decía Comte de una simple degeneración senil, ¿qué diremos de una anomalía morbosa evidentemente comprobada? No puede haber dos medidas y dos criterios. Esas locuras que respetan la obra, esos órganos pervertidos con integridad de funciones no pueden aceptarse en buena ley de aseveración científica.

Como prueba de que Comte conservaba todo el vigor de sus facultades, durante su último acceso de locura, nos presenta el autor el descubrimiento de la identidad de las leyes lógicas y matemáticas. Sin discutir el valor de esta aserción, me limitaré a recordar que desde los escolásticos hasta de Boole este descubrimiento ha ocupado la atención de espíritus muy elevados, el de Leibniz principalmente, que insistió sobre esa idea, llamándola característica universal, y otros como los de Euler, Lambert y Ploucquet ya se ve que esta suerte de invenciones no arguye sino la retentividad.

Más adelante obtendremos otras muestras de los descubrimientos debidos al estado anómalo del cerebro del fundador, cuando digamos algo de la religión que nos predica el señor Poey. Veamos ahora los títulos que alega la filosofía positiva para constituirse en centro de donde irradia todo al pensamiento moderno, para ser tabla rasa de todas las escuela que ha elaborado la inteligencia en ebullición, y para levantar una barrera donde escribe su orgulloso non plus ultra.

Por lo pronto basta un conocimiento muy superficial de la filosofía contemporánea para ver que se ha desbordado por encima de ese débil dique y que ha inundado campos extensísimos, del todo ignotos a Comte y sus primeros discípulos. Sin hablar de las escuelas trascendentalistas que, por necesidad o convicción, han enriquecido su dominio y renovado sus fuentes, bebiendo en los manantiales de las ciencias físicas, y que a mas de los discípulos y secuaces de las antiguas doctrinas, producen un Hartmann en Alemania, y un Ferrier en Inglaterra; las más afines a la comtista, las escuelas experimentales de ambos países se han engrosado prodigiosamente con materiales de que no hay rastro en el edificio de la escuela única de Comte, Laffitte y Poey. Por otra parte el número cada vez mas reducido de comtistas puros es un argumento a que difícilmente se podrá despojar de su significación. Littré es un continuador que corrige y aumenta, no un discípulo que acepta y propaga, y en torno suyo se agrupan todos los elementos que pueden fecundar algún tiempo la doctrina.

En cuanto a los adherentes de mas o menos valor, que Comte obtuvo en los comienzos, no tardaron en tomar otras direcciones. Entre estos merece particular mención Stuart Mill, cuyas relaciones amistosas con Augusto Comte han sido miradas por algunos como indicio de una disciplina doctrinal recibida por el gran lógico inglés. Pero no es lícito abrigar dudas a este respecto. Stuart Mill tenía escrita la mejor parte de su Lógica y acabada su sistematización de los métodos experimentales, cuando leyó por vez primera el curso de Filosofía positiva; y el mismo nos ha dicho no hace mucho lo que adquirió con esa lectura. «Respecto a la lógica la única idea dominante que debo a Comte es la del método deductivo invertido, que se aplica sobre todo a las materias complicadas de la historia y la estadística. (Mes Mémories, pág. 200)» Por lo demás, y esto es más importante, Mill que, en su Lógica, preconizó casi sin reservas la famosa ley de los tres estados, juzgó más tarde las doctrinas sociales de Comte con una severidad que no está exenta de desdén.

Mucho predispone todo esto en contra de las exorbitantes pretensiones de la escuela que nos presenta su filosofía como la única posible; pero es tiempo de que le dejemos la palabra, en apoyo y defensa. El señor Poey nos va a decir le fin mot del Positivismo, nos va explicar por qué la filosofía positiva es realmente el nec plus ultra de las filosofías. Y esto es así «simplemente porque Comte demuestra que la filosofía no puede ser otra cosa que la sistematización positiva de las fuerzas existentes —físicas, vitales, sociales y morales— según su evolución y filiación naturales, reveladas por la historia de la Humanidad». (pág. 127) Esta reducción a sistema de las fuerzas existentes, es decir, a lo que yo entiendo, la coordinación y subordinación de las leyes últimas y secundarias que rigen los fenómenos que son materia de observación experimental e introspectiva, ha sido el objeto manifiesto de todas las filosofías, desde el panteísmo místico e idealista del sánkhya indiano hasta el monismo materialista y científico de nuestros días.

No con menor razón, pues, que Augusto Comte, podría reclamar esa patente de privilegio exclusivo cualquier otro fundador de escuela o sistema. Pero si el señor Poey solo ha querido decirnos que su maestro, después de descubrir las fuerzas sociales y morales, ha erigido la jerarquía de las ciencias en serie subordinada, y que en esta disposición orgánica consiste toda la filosofía, hay que examinar los documentos aducidos en pro de esta aseveración, para saber a que atenernos. Como esta seriación de las ciencias es el fundamento de las declamaciones con que discípulos quieren referir a Comte cuanto se ha descubierto sin su concurso, y a veces en contra de sus preceptos y predicciones, su crítica servirá de refutación al segundo de los puntos que he marcado como capitales en la obra de nuestro docto compatriota. Después diré lo que piensan votos de autoridad irrefutable sobre el valor científico de Comte y de su obra. Demos alguna amplitud a esta investigación, pues se trata de la parte que hasta aquí no ha sido disputada al maestro; y que es, por tanto, la que fija su verdadera importancia, como enseñanza y preparación.

Dos son los títulos que alegan con igual constancia los discípulos de Comte, fieles y disidentes, como primordiales en su obra filosófica: la ya citada clasificación jerárquica de las ciencias, y la constitución de la sociología. Los examinaremos por separado.

Parece ser desgracia adscrita a los trabajos del fundador del positivismo francés, que se le pueda siempre disputar la prioridad de sus concepciones. Varias clasificaciones de las ciencias se habían ensayado, con mayor o menor fortuna, desde Bacon hasta la coordinación de las ciencias inorgánicas por la Escuela Politécnica; pero muy poco antes de presentar la suya Augusto Comte, aparece la de Neil Arnott (1828), donde se encuentra el lugar prominente asignado a las matemáticas, las otras ciencias distribuidas conforme a las grandes categorías de leyes que rigen la naturaleza, físicas, químicas, vitales y espirituales, y la división en ciencias abstractas y concretas. Es decir, cuanto hay de verdadero valor filosófico en la serie de Comte. Verdad es que éste no se limitó a presentar una clasificación en que aparecieran los conocimientos humanos agrupados según el máximo de sus semejanzas, sino que pretendió instituir un orden serial inflexible, según la ley que llamó de generalidad decreciente, y probar que ese orden era el de su aparición histórica. Los fenómenos estudiados por las matemáticas son más generales que los estudiados por la astronomía; a su vez estos lo son más que los físicos, los químicos, los biológicos y los sociológicos. Paralelamente la constitución definitiva de cada una de estas ciencias ha seguido la misma progresión, viniendo después de la matemática, la astronomía, después la física y así sucesivamente hasta la sociología.

Todo este edificio tan laboriosamente erigido ha sido derrocado por el minucioso análisis de Spencer; y aunque Littré haya hecho acopio de ingenio y sutileza, y hasta sacrificado una de las ciencias fundamentales, de las colocadas más alto en la serie, por sustentar el andamiaje de las restantes; la clasificación de Comte no habrá caído menos en desprestigio. El señor Poey, aquí como en todo, vuelve sin miramientos atrás, acepta y preconiza la clasificación primera; con todo el peso de su autoridad de especialista pretende restituir en su puesto a la astronomía, y estima como vergonzosas transacciones, las concesiones que se vio forzado a hacer Littré. Esperamos que en el cuerpo de su enciclopedia positivista nos presentará el señor Poey los valiosos argumentos que le permiten fijar este cartel de desafío en el frontis de su obra, pero como hasta aquí no tenemos otros datos que los presentados en pro y en contra por Spencer y Littré, a ellos tenemos que atenernos si queremos saber a donde los ha conducido este debate.[2]

El gran filósofo inglés niega que las ciencias se subordinen unas a otras en el orden adoptado por Comte; y niega que hayan hecho su evolución en ese orden de precedencia. Hay aquí una cuestión dogmática y una cuestión histórica. En cuanto a lo primero, basta preguntar ¿en qué son más generales las relaciones de sucesión y coexistencia que forman el objeto del cálculo que las relaciones de coexistencia y sucesión de que trata la lógica? Y si atendemos a la independencia recíproca, la lógica puede prescindir de la matemática; pero, ¿puede ésta existir sin aquella? Luego el edificio de Comte claudica por su base. Hay una ciencia más abstracta y más independiente que las matemáticas, que estudia relaciones por lo menos tan generales como las que ellas estudian, y que no se ha constituido (según la expresión que place a Littré) primero que ellas. El filósofo francés se ha guardado muy bien de tomar en cuenta esta objeción, que si no explícita, tácitamente hace Spencer, colocando la lógica al frente de las ciencias abstractas y dando sus razones para proceder de esa suerte.

Igualmente grave es la objeción que se levanta contra la astronomía. Según Comte los fenómenos que estudia caen exclusivamente bajo la dependencia de la ley de gravitación. Aceptando esto de momento, preguntare-

---

2   Posteriormente (1881) un distinguido filósofo de la escuela de Littré, E. de Roberty, ha combatido vivamente los argumentos de Spencer; pero excepto en lo que se refiere a la evolución interior de cada ciencia, punto que nada tiene que ver con mis consideraciones, no me parece que haya mejorado la posición que ocupa su doctrina. En cambio, acepta las objeciones que hago en el texto a la explicación de Littré fundada en lo que llama la generalidad objetiva o subjetiva. (Nota de 1882.)

mos con Spencer: ¿qué tiene de más general la gravitación que el calor, por ejemplo?

La forma de movimiento que producen los fenómenos calóricos ¿supone la gravitación? Ni mas ni menos que esta supone aquella. Además ¿no obra el calor en los mundos siderales? Después del análisis espectral ¿podremos negar el papel de la afinidad química en los cuerpos que estudia la astronomía? Esta dificultad insoluble nos explica por qué el señor Poey, doctísimo en estas materias, habla con marcada ironía y asomos de menosprecio de una química cósmica, y concluye autoritariamente que, por muy lejos que lleguen esas pesquisas, serán de ningún provecho para una aplicación racional. Extraño encariñamiento con una doctrina falsa, que lleva a renegar de la ciencia a un hombre de ciencia!

Littré, a quien solo se había opuesto la primera de estas objeciones, la encuentra, como es, irrefutable; y se ve forzado a confesar que la astronomía está fuera de su lugar en la clasificación comtista. Más no resolviéndose a abandonar el total de ella, hecha mano de antiguo artificio metafísico. Nos dice que en las ciencias pueden considerarse dos clases de generalidad, una objetiva y otra subjetiva. La generalidad decreciente de Comte es objetiva. Los fenómenos físicos, calor, luz, electricidad, magnetismo, sonido, son más generales que los químicos y éstos a su vez lo son más que los biológicos. A la par de esta puede haber una generalidad creciente que es subjetiva. Así en biología se han estudiado primero los órganos, después los tejidos y por último, los elementos anatómicos, yendo de lo particular a lo general; pero es un procedimiento subjetivo. Al mismo tiempo es indudable que objetivamente primero se estudió el cuerpo, después los órganos y así hasta los elementos, descendiendo de lo más general a lo más particular; lo cual forma una generalidad decreciente. No he tenido más que aproximar estas dos afirmaciones, presentadas por Littré en lugares distintos, para que por sí misma resalte la contradicción. Fácilmente se advierte que lo llamado general en la primer frase es lo mismo que se denomina particular en la segunda. No es así como debe argumentar un filósofo positivista.

Y yendo al corazón de su raciocinio, ¿es tan neta la línea de separación entre los fenómenos físicos y los químicos que se pueda formar con ellos dos categorías que sean como otros tantos escalones por donde forzosamente haya de subir la inteligencia? ¿Qué diremos de la alotropía y del isomerismo? No ciertamente, no existe la generalidad decreciente de Comte y Littré. Los fenómenos objetivos están tan íntimamente enlazados que él yo podrá trazar, para la comodidad del análisis, grandes líneas divisorias entre ellos, pero sin olvidar amplias fronteras neutrales, donde habrán de confundirse muchos fenómenos que resisten a toda clasificación sistemática. Y siendo esto así ¿qué valor podremos dar a ese desarrollo sucesivo, en el orden del tiempo, de las ciencias clasificadas por Comte? El hombre, en comunicación sensible con el mundo externo, ha sido impresionado por fenómenos pertenecientes a todas las que después ha llamado ciencias, ha ido acumulando observaciones, ha ensayado experiencias, ha catalogado unas y otras, y ha ido pasando de las generalizaciones rudimentarias, oscurecidas por sus propias imaginaciones, a un conocimiento cualitativo que un día y otro se esfuerza por encerrar en los límites de las relaciones primeras, lógicas y cuantitativas. No ha esperado a poseer perfecto un instrumento, para aplicarlo a la invención de otro. Hipócrates y Aristóteles trataban de fenómenos biológicos y sociales, cuando la física estaba en mantillas y no había ni remotamente aparecido la química.

No niega eso Littré, ¿cómo habría de negarlo? pero nos dice, a la manera de todos los comentaristas, que el maestro no habló de esto, que es el orden de evolución, sino del de constitución. Precisamente el orden de evolución era el que Comte quería subordinar a su clasificación; y en cuanto a que la serie solo se refiere al orden cronológico en que las ciencias se han constituido, es decir, en que se han separado, individualizándose, de sus afines, no pasa de ser una sutileza refutada de antemano por el hecho de la lógica y la matemática, de la física y la astronomía. Por lo demás, el mismo Comte, con una de sus innumerables inconsecuencias, termina el debate, reconociendo que: «Las matemáticas, la astronomía, la física, la química y las ciencias fisiológicas se han desenvuelto en realidad simultáneamente y bajo la influencia unas de otras». («Note sur la création d'une chaire d'histoire génerale des sciences physiques et mathematiques.»)

Hasta aquí por lo que toca a esta célebre generalización. En cuanto a los pormenores, no seré yo, sino el profesor Huxley quien decidirá con su altísima autoridad que «en lo que caracteriza especialmente la filosofía positiva le encuentra poco valor científico, por no decir que está enteramente desprovisto de él; y que nota en ella muchas cosas tan contrarias a la esencia misma de la ciencia, como todo lo que encierra el catolicismo ultramontano». (Lay Sermons, pág. 216) Y en efecto ¿qué juicio favorable puede formar ningún sabio moderno del lógico que veía en el método de los matemáticos, en el método deductivo puro, y solamente en él, el método general que el espíritu humano emplea constantemente en todas sus investigaciones positivas. (Phil. pos., t. I, pág. 99, 3.ª ed.)? ¿del físico que habla con soberano desprecio de la teoría de las ondulaciones luminosas (Ibíd., t. II, pág. 440)? ¿del anatomista que reprueba las pesquisas microscópicas y el valor exagerado que se le atribuye, cuando esas pesquisas han producido la histología? ¿del biólogo que tronaba contra la unidad morfológica de los tejidos, hoy una de las mayores conquistas de la ciencia, y apellidaba quiméricas, las investigaciones que han conducido a ella (Ibíd., t. III, pág. 369)?, ¿del naturalista que trata de absurdas las objeciones presentadas contra el arreglo de las especies en serie lineal, absurdo hoy preconizado por los zoólogos más competentes (Ibíd., pág. 387)? ¿del psicólogo que acepta y enlaza la frenología, y niega hasta la posibilidad de una ciencia del espíritu? ¿del sociologista que desdeña y befa la economía política?

Estos y otros muchos errores que convencen de superficial el saber enciclopédico de su maestro, deben demostrar al señor Poey que son inútiles sus esfuerzos para referir a Comte cuanto han adelantado después la ciencia y la filosofía; sin que por esto dude nadie que la buena fe de sus asertos, pues tales ilusiones no son primitivas de los discípulos de la escuela positivista.

Nos queda aun por examinar a Augusto Comte como creador de la ciencia social, esto es como el que designó y limitó su objeto y el que descubrió sus leyes. Que los fenómenos sociales, reseñados por la historia, constituyen una vasta trama donde se descubre la acción de la causalidad, el inmutable proceso de leyes naturales, y no el reinado del capricho, es una verdad entrevista desde mucho antes de Comte, y que no ha necesitado de él para elevarse a la categoría de base de una nueva ciencia, la más extensa y complicada de todas. De lo primero son buena prueba Kant, Turgot, Condorcet y muy especialmente Gibbon. Este célebre historiador hace evidente el desarrollo evolutivo en párrafos como el siguiente, que me complazco en citar, por no haber sido hasta aquí alegado en la discusión.

La guerra, el comercio y el celo religioso, después del primer descubrimiento de las artes, han esparcido esos dones inestimables entre los salvajes habitantes del antiguo y nuevo mundo, en donde se han propagado y no serán nunca totalmente perdidos. Podemos, pues, concluir con plena confianza que, desde el principio del mundo, cada siglo ha aumentado y aumenta aún más la riqueza efectiva, la felicidad, la ciencia y tal vez la virtud de la raza humana. (Decadence et chute de l'Empire romain, chap. XXXVIII.)

Bien claramente está aquí indicado que el progreso de la cultura de los pueblos es un fenómeno sometido a leyes capaces de ser observadas, comparadas y determinadas. La misma existencia de la escuela opuesta, la de la degeneración, guiada por el paradójico de Maistre, prueba la gran notoriedad de esas ideas que encontró Comte ya del todo elaboradas.

En cuanto a que no llegó el fundador del positivismo a establecer las leyes, no digamos primeras, pero ni siquiera empíricas, de la ciencia que designó con el nombre de sociología, podría demostrarse extrínsecamente con el espectáculo que hoy nos presenta. Por todas partes surgen investigadores que recogen los hechos que han de someterse a repetidos ensayos; la antropología, la etnografía, los viajes, la lingüística aportan materiales; congresos de especialistas se reúnen para tratar de las cuestiones que ella debate; la política solicita bases positivas; se bosqueja una codificación del derecho internacional; comienzan a aparecer obras que aspiran al título de orgánicas o sintéticas; en fin, todo demuestra que se está construyendo desde los cimientos un edificio que hasta aquí no se había levantado. Se anda en busca de las leyes que abracen el conjunto de los fenómenos constitutivos de la ciencia; pero aun no se pretende haberlas encontrado. Se intenta hasta reducir buen número de hechos sociales a generalidades del orden más elevado, dando los primeros pasos para verificarlos por el método deductivo; pero por mucha que sea la sagacidad de Spencer cuando aplica a las corrientes sociales la ley del paralelogramo de las fuerzas, de Quetelet cuando somete a la del cuadrado de la celeridad los obstáculos al aumento de población, sin negar la posibilidad de llegar a esta evaluación cuantitativa, nos es lícito no ver todavía en esos enunciados otra cosa que aproximaciones analógicas. ¿Y estuviéramos aun aquí si fueran aceptables las miras del creador de la sociología? ¿Íbamos a ser tan obcecados que, por despego a Comte, se habían de olvidar sus teorías, si no fueran del todo ficticias, sus conclusiones, si no fueran del todo absurdas?

Esas teorías se derivan de la ley que ha pretendido descubrir Comte, y que llama de las tres fases. Dejémosle que nos la exponga él mismo en los términos que emplea en la primera lección de su curso:

Estudiando el desenvolvimiento total de la inteligencia humana en sus diversas esferas de actividad, desde su primero y más simple brote hasta nuestros días, creo haber descubierto una gran ley fundamental, a la cual está sujeto por una necesidad invariable; y que me parece poderse establecer sólidamente, sea sobre las pruebas racionales suministradas por el conocimiento de nuestra organización, sea sobre las verificaciones históricas que resultan de un examen atento de lo pasado. Esta ley consiste en que cada una de nuestras concepciones principales, cada rama de nuestros conocimientos pasa sucesivamente por tres estados teóricos diferentes: el estado teológico o ficticio; el estado metafísico o abstracto; el estado científico o positivo. En otros términos, el espíritu humano, por su naturaleza, emplea sucesivamente en cada una de sus investigaciones tres métodos de filosofar, cuyo carácter es esencialmente diferente y aún radicalmente opuesto; primero el método teológico, después el metafísico, y en fin el positivo. De aquí tres clases de filosofía, o de sistemas generales de concepciones sobre el conjunto de los fenómenos, que se excluyen mutuamente, la primera es el punto de partida necesario de la inteligencia humana; la tercera su estado fijo y definitivo; la segunda esta destinada a servir únicamente de transición.

Fácil me sería probar que el mismo Comte contradice en diversos lugares de sus obras estas categóricas afirmaciones, aseverando que gran número de nuestros conocimientos no han pasado por la ley de las tres fases, que el estado positivo ha coexistido mas o menos con el teológico desde los primeros destellos de la inteligencia humana; y por último, que el metafísico es una simple modificación general del teológico. (Cours de philosophie positive, t. IV, pág. 491) Pero me bastará someter la ley al criterio de verificación que el mismo Comte anuncia.

Si la necesidad de esta triple fase está basada en nuestra organización, fácil será a cada uno hacer en sí propio la experiencia de ella, con solo dirigir una mirada retrospectiva a la evolución de las nociones adquiridas por su espíritu; ú observar lo que acaece en el infante. La mayor parte de los hechos que le impresionan son aceptados por el niño sin que se le ocurra pedir su explicación a una voluntad externa, ni a una entidad abstracta. Mucho antes de que induzca, dotando a los seres que le rodean de las fuerzas que siente que lo ponen a él mismo en acción, ha vivido en un estado puramente positivo, puesto que ha aceptado, como hechos primeros, irreductibles y que no tienen explicación, muchos de los que como tales le presentará la ciencia que adquiera adulto. Dotará mas tarde de voluntad a esos mismos seres, y concederá una gran parte en sus indistintas nociones a un antropomorfismo cada vez más invasor.

El estudio de las razas no civilizadas confirman esta observación. Al lado de nociones que acepta el salvaje como hechos indemostrados e indemostrables, está la transferencia de la personalidad humana al mundo circunstante poblado de fetiches, sombras, aparecidos, demonios y genios malignos o benéficos. En todas partes se ve a la inteligencia recogiendo hechos, diferenciándolos, comparándolos, generalizándolos, induciendo leyes más y más cuantitativas, deduciendo aplicaciones cada vez más ajustadas a la verificación; fácilmente en los fenómenos simples, próximos y cotidianos; más dificultosamente en los complejos remotos e intermitentes: induciendo a veces sin los datos necesarios; deduciendo de principios imaginarios; sustituyendo aquí la abstracción a la realidad; queriendo allá encerrar la naturaleza inmensa en una estrecha generalización subjetiva; pero sin pasar siempre y en todos los casos de una primera concepción ficticia a otra segunda abstracta, para llegar a una última positiva. La sensación de frío o calor, por ejemplo, ¿ha necesitado pasar por una fase teológica? La ley de los tres estados es un buen ejemplo de una de tantas generalidades, fruto de una observación imperfecta, a cuyo yugo se ha querido someter después a todo lo existente. Hay nociones que han pasado por esos matices, como por otros; pero de aquí no se sigue que todas hayan de pasar por ellos.

Armado Comte de este gran descubrimiento, no quiso que fuera en sus manos un instrumento inútil. La reorganización de la sociedad había de ser consecuencia del establecimiento de una ciencia que la tiene por objeto. El malestar evidente de las sociedades modernas no reconoce otra causa que la anarquía intelectual, producida por la existencia simultánea en el campo científico de representantes de las tres fases de la inteligencia, teólogos, metafísicos y positivistas, que se libran incesantes combates y mantiene los pueblos en expectación, faltos de una doctrina que les sea impuesta por la aceptación unánime de sus maestros naturales, doctrina que se armonice con sus sentimientos y dirija su actividad. La constitución de una clase donde esté vinculado el conocimiento completo de las ciencias abstractas, es decir, la filosofía positiva, e investida de la suprema dirección espiritual; cuyas decisiones han de ser tan absolutas como los cánones de un concilio ecuménico, podrá solo preparar la regeneración futura.

¡Esta teocracia será completada por una oligarquía burocrática, en cuyas manos se concentrará todo el poder temporal e impulsor, de modo que los pueblos, encontrándose preparadas de ante mano sus creencias y regladas sus actividades, no tendrán otros cuidados terrenales que el cultivo de los sentimientos benévolos y altruistas que tienen por derivación el culto de la Humanidad, en cuyo seno han de ir a confundirse, para ser deificados a su vez!

Mientras Comte creía deducir lógicamente estos delirios de sus famosas leyes sociales, no hacía más, como se ve, que exhumar reminiscencias de su comunión sansimoniana; y desconociendo las verdaderas fuerzas sociales, que no son otras que las facultades humanas elevadas en potencia por el concurso, trataba de encerrarlas en el círculo de hierro de una doble tiranía, cuando necesitan de la más amplia independencia para hacer sin tropiezos su evolución; acabando por sustituir a una ilusoria anarquía el más estrecho y sofocante socialismo. Y es notable que este mismo soñador —que se llamaba republicano y mendigaba una arbitrariedad ministerial en su provecho— cuando quería subvertir todas las bases de la organización actual de los pueblos más civilizados, se presentaba a la par como un continuador de la elaboración secular del género humano y un restaurador de lo pasado.

Esta última idea, que se fue apoderando paulatinamente de su inteligencia, le sugirió sus más extravagantes construcciones. El gran poder del papado en los siglos medios llegó a parecerle el más hermoso espectáculo de la historia; y desde entonces aquella época revistió en su fantasía exaltada los más brillantes colores. Era necesario retrotraer nuestra civilización, nuestra organización política y social a aquella edad modelo; era necesario sacrificarlo todo; hasta el más noble atributo del hombre de nuestro siglo, la libertad de conciencia, a aquella maravillosa conformidad de creencias que hacía palpitar al unísono todos los corazones; un nuevo sacerdocio de sabios, transmigrados sin duda de los subterráneos de Ellora o de los hipogeos de Ibsambul, iba a poner las bases de la ciencia universal, a revelar los dogmas de la religión de la humanidad y a establecer los ritos del culto esta vez verdaderamente católico. Acaso este cuerpo sinodal necesitaría una cabeza, un inspirador infalible, entonces un sumo pontífice surgiría... no, ha surgido del todo dispuesto para su destinación mesiánica, y se llama ¡Augusto Comte!

Que Littré haya salido cuanto antes de estas asambleas episcopales, lo comprendo; pero que el señor Poey pretenda un puesto en ellas me parece inexplicable. Y no hay en esto duda, nuestro ilustre compatriota figura, con igual título que los Bonald y los de Maistre, en el número de los apologistas del régimen unitario de la Edad Media y de los detractores de la nuestra, infisionada por el virus del libre examen.

Y ¿por qué todo esto? Que es grande la divergencia de opiniones en la época actual, que por donde quiera brotan bosquejos de síntesis futuras, que dentro de cada doctrina se presentan escisiones y diferencias, es cierto, diré más, es natural. He aquí la obra de la evolución; así se cumple la ley del progreso. Toda esta grande actividad intelectual hace bullir la materia que más tarde ha de ir a fundirse en un molde colosal más armónico, más completo que los anteriores. Nuestro período es crítico y analítico; acumula innumerables materiales que no sabemos aún qué mano ajustará; aunque podemos predecir que no será en una forma orgánica como las hasta aquí desechadas. Apenas se formula en el norte de Europa la gran doctrina del transformismo evolucional, hace ella misma en el Mediodía su evolución, y se nos anuncia la teoría ondulatoria. ¡Y se nos viene a hablar de una fe demostrada, de una doctrina aceptada a la vez por todas las inteligencias! ¿Qué quimera es ésta? ¿Y se nos presenta como modelo, como ideal a que debemos tender la unidad de creencias en la Europa de los Siglos Medios? Bien vale esto la pena de que nos detengamos.

¿Qué era esa unidad de creencias? En los espíritus más cultivados no existía. El averroísmo y el escolasticismo ortodoxo, el realismo y el nominalismo, los dividían en campos irreconciliables. En el resto de la población ¿qué era esa unidad de creencias sino el fruto de la más crasa ignorancia, del predominio de las actividades materiales, forzosa consecuencia de la miseria general, que distraía completamente sus fuerzas de las especulaciones abstractas? La sumisión perezosa o estúpida de la inteligencia propia a la inteligencia ajena ¿qué podía producir sino el cuadro espantoso de aquella edad de tinieblas y podredumbre? ¡En los grandes, la ambición desapoderada, la perfidia innoble, la astucia maquiavélica, la insolencia tiránica, la incredulidad práctica, la caridad egoísta, de buena fe solo la hipocresía, la vida crapulosa y la muerte contrita; en el clero la impudicia descarada, la codicia sórdida, la simonía en la plaza pública, el nepotismo infestando la administración, la relajación más vergonzosa profanando el claustro, la religión en los labios y el nihilismo en el pecho; en el pueblo el embrutecimiento abyecto, el fanatismo frenético, mil formas de superstición, y todas las humillaciones, todos los vicios, todas las miserias! Esta era la Europa de la Edad Media: Non donna di provincia, ma bordelle.

Tal vez alegará el señor Poey que me he apresurado a juzgar de la doctrina por sus conclusiones prácticas; y que no me he detenido a refutar las probanzas históricas que prodiga Comte y él repite. Ellos nos hacen ver como el tránsito de las creencias del fetichismo al politeísmo, al monoteísmo y al positivismo, es el generador de todas las doctrinas, de todos los arreglos sociales, de todas las producciones estéticas, en fin de la corriente progresiva de la vida acumulada por las generaciones. Y en verdad lo he hecho así porque estimo estas pruebas por de ningún valor lógico. Meras relaciones de coexistencia se aceptan como fenómenos de causalidad, y así se justifican todas las teorías sociales. Es muy antiguo el procedimiento. Por otra parte está muy a la mano el artificio dogmático de extender a placer el significado de un término. El panteísmo es fetichismo, la correlación de las fuerzas es fetichismo; Hobbes, Spinoza, son fetichistas; Mayer, Tyndall, Balfour Stewart lo son mal que les pese (Poey, págs. 210-237): ¿Qué es esto? ¿No estamos aquí en pleno ultramontanismo? Con esta elasticidad de significado todo es todo, y el sofisma pasa por todas partes su nivel. He aquí los frutos del método subjetivo. Lo que no cabe en el molde estrecho de la teoría, se mutila, se desfigura, hasta que ajuste, y de este modo la verificación es un mero juego de cubiletes.

Créalo el señor Poey, sus dilatados estudios, sus vastos y sólidos conocimientos no lo han librado del escollo más temible en las regiones de las grandes generalidades donde se cierne la filosofía, el de llevar a todas las investigaciones una teoría ya preparada, el de extender todas las experiencias en este lecho de Procusto, y el de tratar de acallar las dudas propias y ajenas con un tono dogmático que suena siempre mal, desde que hemos derrocado todas las trípodes. Páginas elocuentes ha escrito en su libro, mucho calor vivifica no pocos capítulos, pero a veces hay demasiada retórica en su elocuencia, y ese fuego es más de sectario que de filósofo.

Esto es lo que deslustra la obra del señor Poey. En su fervor disciplinario hace gala de una intransigencia imperdonable con todo lo que no se le aproxima, y llega hasta a llamar metafísico a Stuart Mill y a comprender en una misma denominación a filósofos como Spencer, Hegel, Büchner y Hartmann, sin duda por aquello de que el que no está conmigo está contra mí, el cual es mal principio de clasificación. Empeñado en jurar por la palabra de su maestro, lo acepta todo, y nos habla reverentemente del Gran Medio, del Gran Fetiche y del Gran Ser; poniendo al servicio de los delirios de un demente aquí el decoro, allí el ingenio; pero inmolando siempre la crítica y el recto juicio. Como un ejemplo de la sutileza con que acostumbra tratar puntos muy escabrosos de la doctrina comtista, oigámosle hablar del dogma de la Virgen Madre: «El misterio católico de la Virgen Madre se convierte —en el Positivismo—, en el lazo de unión entre el pasado y el porvenir, volviendo a las grandes tradiciones caballerescas, sin ofender de ningún modo las leyes de la realidad científica». No nos parece mal; lo que si no comprendemos es como un espíritu a quien son de muy antiguos familiares las doctrinas científicas pueda estampar seriamente tales conceptos.

El señor Poey trata de desenvolver en una serie de monografías toda la doctrina positivista, sin excluir la organización social a que según él estamos fatalmente destinados. No podemos forjarnos la ilusión de que el señor Poey abandone en los volúmenes sucesivos las doctrinas y el apasionamiento que le han inspirado éste; pero muchas materias de las que han de abrazar sus tratados le son harto familiares, puesto que, por suerte, aún no se ha sometido a la higiene cerebral de Augusto Comte, y debemos esperar exposiciones profundas y brillantes en cuanto concierne a las ciencias físicas. A trueque de recordar al sabio director de nuestro observatorio físico-meteorológico, suframos el vernos amenazados de la organización, de la reglamentación y de la anulación comtista. Concluyamos, pues, deseando que el señor Poey lleve a buen término su obra, y que nunca jamás se realicen sus predicciones.

Habana, 19 de febrero de 1878.

Estudios literarios y filosóficos, La Habana, Librería, imprenta y papelería «La Nueva Principal», Muralla, 64, 1883.

Conferencias filosóficas. Primera serie. Lógica

Textos de las conferencias número: 2DA, 3RA, 7MA, 8VA, 9NA, 13, 14

Lección segunda

Señores:

¿Por qué busca el hombre la verdad? Porque le es necesario ajustar a ella sus acciones. El hombre es un organismo —quien dice organismo, dice manifestaciones de fuerzas— sobre el cual actúa un medio, y que, a su vez, reacciona sobre él. Este medio, eminentemente complejo, entra en comunicación con el hombre por muy diversos canales y en muy diversas formas, y esto constituye un número variadísimo de relaciones. A los estímulos externos responde el organismo humano con actos a los estímulos que los provocan, tanto más adecuados serán al fin solicitado, que es, en último término, la conservación del individuo.

Sin entrar, desde los primeros pasos, en análisis que tendrán su lugar oportuno, es manifiesto que este ajuste exige una fiel representación en el sujeto que reacciona, de los objetos que lo estimulan y sus relaciones. Si, pues, nos importa indagar los caracteres por medio de los cuales podamos distinguir esa representación fiel, necesario será que antes nos formemos una idea, siquiera aproximada, del instrumento merced al cual nos representamos el medio en que nos desenvolvemos.

Este instrumento es el espíritu; término que, a pesar de la ambigüedad que lo afea, es el más comprensivo entre los que se dan generalmente por sinónimos. El espíritu representa y conforma en nuestro interior el mundo externo, y nos permite acudir una y otra vez a él, en solicitud de una testimonio repetido que acredite la validez de su construcción. Aquí está resumido todo cuanto el hombre puede para conocer la verdad. En esta proposición está contenido todo el método. Un instrumento, el espíritu; una piedra de toque, la experiencia.

Necesario es, por tanto, antes de conocer la diversas aplicaciones que podemos hacer de nuestra actividad interna al conocimiento del mundo externo, que nos demos alguna cuenta del modo de funcionar de esta actividad que nos procuremos aquellos datos psicológicos, sin los cuales podría pecar de oscura nuestra exposición.

Y aquí la índole de nuestras conferencias me permite hacer una digresión. No hay más saludable. No hay más saludable advertencia para nuestro entendimiento, que la consideración de los errores en que se extravían muy claras inteligencias. Por otra parte, es digno de notar cómo un principio cierto puede inducir a engaño cuando se le saca fuera de sus naturales límites. Clasificar, o sea agrupar los objetos por sus semejanzas, es una operación tan primordial del espíritu humano, que se encuentra en el fondo de todas sus funciones. Pero con esto, dicho se está que es un procedimiento meramente subjetivo, y no tenemos ningún derecho a suponer que en lo externo se repita el mismo acto con todas sus fases. Ahora bien; llegadas a un elevado punto de desenvolvimiento, y precisados en lo posible sus límites, también las ciencias han sido sometidas a clasificación. No es el caso de referir las que desde lord Bacon se han presentado con mejores o peores títulos a la atención de los doctos, voy a detenerme en una que ha obtenido extraordinaria importancia en nuestro siglo y ha sido enseñada en nuestro país: la de Augusto Comte.

Este profundo pensador estableció un orden serial en las ciencias, según que los fenómenos que estudian van siendo cada vez más complejos y menos generales. Así comenzaba por las matemáticas cuyo objeto es la cantidad, la extensión y el movimiento, fenómenos los más simples y los más generales, y terminaba por la moral, ciencia de las relaciones de los hombres en sociedad, fenómenos donde veía Comte el último grado de complejidad, restringidos a la vez a solo un grupo de los seres naturales. Entre éstas colocaba en orden progresivo la astronomía, la física, la química, la biología y la sociología. Muchas y graves objeciones, aun aceptando el principio en que se funda, pudieran hacerse a esta clasificación; pero no son del momento. Lo que nos importa considerar es que Comte no se limitó a presentar esta serie como un orden que facilita el estudio de las ciencias, sino que creyó descubrir en ella el principio interno de su desenvolvimiento, y proclamó que cada ciencia es respectivamente independiente de todas las que le siguen en la serie. Esta aserción prescinde por completo de la realidad. En el mundo se nos presenta una red de fenómenos de todas suerte y por más que los separemos por abstracción, y formemos con ellos clases, el recíproco influjo de unos en otros es un dato de que nunca puede prescindir la ciencia. No hay ningún orden de conocimiento independiente. El mismo caso de las matemáticas lo prueba. Tomemos el número, ¿qué hago con él en la ciencia que le está consagrada? Operaciones de composición, descomposición y comparación ¿En virtud de qué? En virtud de las leyes de mi entendimiento que estudia la lógica. Toda la ciencia de la matemática constituye un maravilloso desenvolvimiento de la más complicada de la operaciones lógicas, la deducción. ¿Dónde está la independencia de las matemáticas?

Las relaciones que estudia son las de sucesión y coexistencia, pues esas mismas estudian la lógica; y ya hemos visto, si llegare el caso de un litigio, a cuál habría que atribuir la prioridad. Pero vengamos al caso especial que me ha sugerido esta digresión, y que servirá para confirmar la importante verdad que he enunciado.

Spencer presentó una nueva clasificación, en la cual dio a la lógica el lugar que de derecho le corresponde; pero, a pesar de que impugna el orden serial de Comte, se va tras el mismo error, y pretende que la lógica es de todo punto independiente de cualquier otra ciencia. La lógica desentraña el mecanismo intelectual; pone patentes las leyes en virtud de las cuales confiamos en las relaciones externo-internas o interno-externas de que nos da noticia la conciencia; pero, ¿cómo puede dar la razón de estas leyes, sin previa noticia de los fenómenos que rigen, sin conocer la inteligencia, el espíritu? Luego la lógica necesita del auxilio de la psicología.

Con plena confianza de que no nos salimos de los límites que nos traza un breve resumen del contenido de nuestro intelecto.

La trama de nuestro espíritu se compone de lo que llamamos estados de conciencia y relaciones entre estos estados de conciencia: el hecho primordial, el que se encuentra en el fondo de todos esos actos, es una distinción. La conciencia aparece en el momento en que el yo se distingue del no yo. No es posible ir más lejos en el análisis introspectivo; el análisis objetivo tampoco nos lleva más allá. En la sensación más tenue, como en el sentimiento fugaz, en la idea más rápida, en el deseo más vehemente, se encuentran siempre esos dos términos invariablemente enlazados: algo que me impresiona, algo que yo siento, algo que yo pienso, algo que yo deseo. Esta síntesis irreductible es lo más universal que conoce el espíritu humano; así es que constituye la ley última de todos nuestros conocimientos; la ley de relatividad. Ni aun el concepto de existencia en que se fundaba la vieja ontología escapa a esta ley. ¿Qué significamos cuando decimos que un objeto existe? Que se pone en relación con nuestro yo, o por los sentidos, o por la memoria. Si no significa esto, no significa nada. Una existencia en sí, es completamente ininteligible. El famoso «pienso, luego existo», de Descartes no viene a significar en puridad sino; mi espíritu tiene conciencia actualmente de modificaciones internas actuales: la distinción estaba puesta entre el espíritu y sus modificaciones, entre una modificación y las subsecuentes.

Y esto me conduce a una segunda etapa de la conciencia, y a una segunda forma de la relatividad.

Sentidos el yo y el no yo, no se adelanta, sino por una nueva distinción. La impresión primera que me revela lo objetivo se modifica, cambia; entonces distinguimos esa impresión de lo que no es ella. Una presión continuada sin alteración en más ni menos, acabaría por desaparecer de la conciencia. Pero la presión aumenta o disminuye; y así distinguimos la presión inicial de otros estados de presión o de una cesación completa del fenómeno. La sensación de calor es tal, porque la distinguimos de la sensación de frío y de sus estados intermedios. De aquí esta conclusión importantísima: todas sensación y, por consiguiente, toda percepción, va acompañada de esta distinción: toda idea es una copulación de dos conceptos; el representado que se afirma, y todo lo que no es él que se niega. Ésta es la segunda forma de la relatividad, no menos importante que la primera.

Pero si la distinción es la propiedad inicial, no es la única, ni con mucho. Conjuntamente con ella viene la semejanza. La impresión subjetiva es reconocida, cuando se repite, como impresión subjetiva: la objetiva como objetiva. Esto acaba la delimitación de los órdenes de la realidad, acerca de los cuales no cabe adelantar aquí una opinión, sino atestiguar el hecho de que constituyen el fondo de nuestra vida elemental. Hay una serie de fenómenos que me represento siempre como externos; hay otra serie paralela de fenómenos que me represento siempre como internos. Entre estas dos series existen relaciones numerosas y constantes; pero de ninguna manera ni en ningún punto puedo identificarlas. Asemejo lo objetivo a lo objetivo; lo subjetivo a lo subjetivo; pero el puente que me lleve de una a otra región. No me lo ha indicado aún el entendimiento dentro de sus límites conocidos.

En cada uno de los campos respectivos, esta ley —que se llama de similaridad, y cuyas variadísimas aplicaciones veremos pronto— hace que la impresión primera —sensación de calor, sensación de asfixia— si se repite, sea reconocida como tal, y como distinta de la modificación que sobrevino después de ella.

Solo un elemento importante nos falta para tener ya todos los de la inteligencia. La impresión inicial es retenida —aquí no examinamos cómo se verifica ni cómo puede explicarse este interesante fenómeno— sin eso no pudiera ser semejada. He aquí la retentividad, en que hay que considerar dos fases. Esta, de simple retención, y aquella en que las impresiones, en ausencia de la causa externa, reaparecen en estado ideal. Cuando acompañaba al objeto que provocó la impresión, en orden de coexistencia o sucesión, puede dar margen a esta reviviscencia, en virtud de la ley que se llama de contigüidad. En un día no lejano veremos cómo, asociándose todas las leyes, nos descubren todas las mallas de esa red, inextricable a primera vista, que se llama la inteligencia.

Por ahora bástenos considerar que tenemos ya en nuestras manos todos los elementos que integran las funciones de conocimiento. Conocer no es más que distinguir y asemejar. Conozco esta mesa porque distingo la impresión que ella me produce de todo lo que no es ella, y la identifico con las impresiones que anteriormente me ha producido. Conozco un árbol porque lo separo de todo lo que se niega a afirmarlo, y asimilo todas las impresiones de forma, tamaño, color, olor que me produce, a las que él u otro objeto idéntico a él me han producido.

Conocer un hecho es distinguirlo de todos los hechos diferentes, e identificarlo a la vez con todos los hechos semejantes.

Lo que ya he indicado de los dos órdenes de la realidad, nos manifiesta una división muy natural del conocimiento: en objetivo y subjetivo.

El conocimiento de una casa, un mueble, un animal, en una palabra, de lo que para cada hombre constituye el mundo exterior, es objetivo; el de un sentimiento, una serie de ideas, un placer, lo que para cada uno de nosotros es su fondo íntimo, en un conocimiento subjetivo.

Más importante, desde el punto de vista lógico, es otra forma del conocimiento, en que debemos detenernos, y para la cual os he venido ya preparando.

He dicho que conocer esta mesa es distinguir la impresiones que han hecho nacer su representación en mi intelecto, de todas las otras, e identificarlas con ellas mismas. Llegando hasta los últimos límites de la distinción, considero no solo sus particularidades de estructura, materia, forma, color, pulimento, sino su situación en un ángulo de esta sala, y la ocasión en que me afecta; y de este modo formo lo que se llama un conocimiento individual, concreto. Mas puedo seguir un procedimiento en cierto modo inverso, y dejando en la sombra las particularidades que la individualizan, fijarme en los caracteres que le son comunes con las otras mesas que no tienen esta forma ni este color, ni están en este sitio, ni solicitan ahora mis miradas; y como de todos estos caracteres comunes puedo formar un concepto que distingo de todo lo que no es él, tengo una nueva forma de conocimiento; el general y abstracto.

Cuidado, señores, que estamos aquí en presencia de uno de los poderes más importantes de nuestra inteligencia, el poder de generalizar, que, como hemos visto, no es más que una consecuencia del poder primordial de asimilación.

Los conocimientos individuales nos llevan a los conocimientos generales, e interviniendo aquí el lenguaje, facilita un signo rememorativo para éstos, que en los nombres de clase, los nombres comunes. Pero adviértase bien que el nombre común —mujer, príncipe, curvo— atiende solo a designar la clase por los atributos semejantes, sin que por eso anule los de semejantes que constituyen las individualidades; para comodidad del espíritu y claridad de los raciocinios, nos presenta lo que hay de común en diversos objetos; pero no tiene, ni puede tener el misterioso poder de dar vida independiente a esos atributos.

No lo creía así una antigua doctrina, que por lo que ha influido e influye en grandes y arraigados extravíos de la humana inteligencia, merece que le consagremos algunos momentos de atención. Tanto más, cuanto que nos permitirá descansar un poco de la árida nomenclatura que venimos siguiendo; y que espero poder llamar vuestra atención sobre el origen probable y poco advertido de esas ideas.

Me refiero a la teoría platónica, según la cual cada clase de objetos y hasta de ideas y sentimientos, tenía un tipo con existencia propia e independiente; es decir, que el triángulo existía en alguna parte como triángulo, prescindiendo de las diferencias que los distinguen; y la justicia como justicia, sin tener en cuenta la diversidad de acciones justas; y el hombre como hombre, sin atender a la raza, a la edad, al sexo. Éstos eran los famosos arquetipos. El análisis que acabamos de hacer de los nombres generales, demuestra lo extraviado de esta opinión, que hoy puede parecernos extraña, pero que fue muy natural en aquellos antiguos filósofos más próximos de lo que ellos creían a las fuentes de la primitiva y grosera filosofía del hombre inculto. No conozco estudio más fructuoso que el de la filiación de las ideas desde los primeros grados hasta los últimos de la cultura; así, dada la latitud que debe tener esta forma de enseñanza, me permitiréis que me detenga un momento en establecer el lazo de unión de los arquetipos platónicos con las ideas primitivas, bien poco ideales por cierto, de que en realidad de verdad parecen derivarse.

El hombre inculto se siente llevado a trasmitir su personalidad a cuanto le rodea. No os extrañe. Lo mismo hace el niño antes de los albores de la reflexión. Además, aquí no se trata de una conjetura, sino de un hecho millares de veces comprobado. El fetichismo es el ejemplo más capital y sugestivo. Para el salvaje la vida palpita en cuanto lo rodea. La voz amenazadora de la tempestad; el bramido del torrente; el susurro de la floresta, son sonidos articulados de un lenguaje que cree comprender. Y la vida para él es siempre el resultado de algo misterioso y terrífico, de ese otro yo que se dibuja en la sombra y se aparece en el sueño; su concepción de la vida es puramente animista. La vida no está solo en lo visible; reside en su mayor parte en lo invisible. Y ya hemos dicho que todo vive, no ya solo el bruto del bosque, ni el árbol sagrado del clan, sino la piedra del lindero; todo tiene su alma, su sombra. Ésta es la filosofía primitiva. ¿Queréis verla convertida en filosofía docta, enseñada en las academias? Pues oigamos a Demócrito, al proponerse por vez primera el problema de cómo percibimos las cosas exteriores, abriendo, como ha dicho Lewes, un nuevo capítulo en la filosofía. ¿Qué explicación nos da el gran filósofo abderitano? Según él, todo objeto proyecta fuera de sí imágenes (eídola) que, asimilándose al aire circunstante, penetran en el alma y hacen percibir los objetos. Un paso más en el camino de la abstracción, y las clases tendrá sus tipos, sus almas-tipos, sus arquetipos; doctrina que han compartido no pocas tribus salvajes de nuestro hemisferio con el discípulo insigne de Sócrates. Desde el momento en que hemos aprendido a seguir las huellas de una opinión o creencia a través de sus transformaciones y adaptaciones, de un medio inculto a otro progresivamente más civilizado, pierde su extrañeza la idea de que una teoría nacida inconscientemente en el cerebro de un hombre grosero y montaraz, se reproduzca en las lucubraciones depuradísimas de uno de los más brillantes espíritus con que se gloria la humanidad.

Volvamos de esta excursión histórica al error de los universales. Se le conoce en los anales de la filosofía antigua con el nombre de realismo; y no solo tuvo larga vida, sino que dio nacimiento a una escuela mitigada que no debe pasarse por alto, la del conceptualismo.

Según ésta, no existe, por ejemplo, un círculo en sí; pero el espíritu tiene la facultad de pensar en la forma circular, con exclusión de las otras cualidades propias de los círculos particulares.

Como se ve, aquí se desconoce la unión fundamental de la distinción y la semejanza, que hemos encontrado en todas las operaciones de nuestro espíritu. Se supone que la facultad de abstracción puede llegar hasta eliminar las diferencias.

Sin duda, dice Alejandro Bain, podemos prestar más atención a la redondez y menos al tamaño; pero es imposible que pensemos en la redondez sin pensar en cierto tamaño o en cierto color (...) El gran hecho que implica constantemente la abstracción, es el acto de recorrer objetos particulares que se asemejan en uno o más puntos, a pesar de sus otras diferencias.

Esta unión, esta reducción de dos antonomías tan profundas, produce un caso digno de toda nuestra atención. Analizando cuidadosamente la idea de individuo, vemos que en ella, como hemos dicho, es preponderante la acumulación de las propiedades individuales consigo mismas —cuando el objeto es ya conocido— deja también la generalización de contribuir a la percepción individual. Esta aparente paradoja encierra una verdad profunda. Sí, señores, la idea individual es una reunión de ideas generales. El análisis nos da este proceso, de los individuos nacen las generalizaciones, y las generalizaciones constituyen la percepción individual. Pero en la síntesis real, nosotros nos encontramos con el fenómeno realizado; y esta compenetración ya establecida. Cuando miramos un caballo, recibimos un gran número de impresiones distintas, colores, forma, tamaño, etc., ahora bien, la impresión de color va a agruparse inmediatamente con sus semejantes anteriores; así la de forma; así la de tamaño; y si tenemos conocimiento científico del caballo, las ideas de miembros, órganos, funciones, vienen a completar el reconocimiento del individuo; así es que una gran suma de generalizaciones, integrándose, constituyen la percepción individual. Mientras más ricos estamos en elementos analíticos de los que componen un objeto, más clara y definida será la idea individual. Véase, pues, que nada está aislado en nuestro intelecto, que no hay facultades distintas, sino una red de operaciones que se auxilian mutuamente, y que solo por abstracción separamos. Sin embargo, del conocimiento de esta operación resulta que podemos favorecerla grandemente; y así lo vamos haciendo en la educación inconsciente que recibimos durante todo el proceso de nuestra vida. En las primeras generalizaciones del niño no hay propiamente abstracción, sino confusión. De aquí el curioso resultado de que las ideas individuales sean tan vagas para él. Cualquier hombre es su papá. La confusión de las generalizaciones anteriores no le permite llegar a la limitación exacta del individuo. ¡Cuánto no aclara este solo ejemplo punto tan importante!

Esta misma ley de semejanza que os abre el mundo de la generalización y la abstracción, que es el mundo de la ciencia, nos guía y alumbra en todo el proceso de nuestros raciocinios.

La forma más sencilla de un razonamiento consiste en inferir de un hecho particular otro hecho particular por semejanza. Si suelto una piedra que tenía asida, cae; infiero que cuantas veces suelte la piedra, caerá. Puedo dar un paso más y concluir que la piedra, colocada en una situación semejante, por ejemplo, si se retira un objeto que la sustentaba, caerá también. Hasta aquí no hay, sino diferencias de lo particular a lo particular. Pero vemos que el razonamiento va más lejos, mucho más lejos, y de un caso o varios casos particulares concluye muchas veces a la totalidad de los casos semejantes. Ésta es la inducción, que va de lo particular a lo general. También aquí nos sirve de hilo de Ariadna la ley de la semejanza; pero debo confesaros que si esta ley explica el cómo se asocian las ideas que se unen en la inducción, no explica otra cosa, igualmente grave e importante; el porqué nuestro espíritu asiente a la verdad de su inferencia. Esta piedra cayó en este o el otro caso; otras piedras cayeron; todas las piedras caerán. Nuestra inteligencia lo afirma, lo cree con certeza indubitable, procedemos en consecuencia. ¿Cuál es la garantía de este tránsito arriesgado y peligroso? ¿Cómo puedo estar tan cierto de que todas las piedras caerán, cuando mi experiencia, aun añadiendo la de los demás hombres, está limitada en el tiempo y el espacio? Gravísimo y oscuro problema —os lo confieso con entera franqueza— y para el cual, llegado el momento de plantearlo detenidamente, os propondré un ensayo de solución que he intentado, pero que no puede desarrollarse antes de haber penetrado más en el mecanismo intelectual. Ya veis que no os disimulo las dificultades.

El razonamiento tiene otra tercera forma, cuando desciende de la generalidad de los casos al caso particular semejante. Pues todos los hombres conocidos han muerto y todos los presentes y futuros han de morir, deduzco que tal o cual hombre —semejante en todos sus atributos a los de la proposición universal— morirá también; ésta es la deducción; hija legítima del mismo procedimiento general por similaridad.

Harto rápida, harto descarnada ha sido esta exposición del contenido de nuestro intelecto. No he podido, ni he debido trazar, sino las líneas fundamentales, las que nos permitan comprender las leyes que hemos de estudiar, no en su génesis y formas —que esto vendrá en la psicología— sino en su mecanismo.

Ya indiqué que aplicamos estas actividades al conocimiento que de lo externo nos dan los sentidos y nuestros movimientos y acciones; también las aplicamos a las ideas, conceptos, sentimientos y relaciones de que nos da cuenta la conciencia; de modo que todo lo dicho nos permite concluir que nuestro conocimiento puede reducirse a experiencias de que tenemos conciencia. Y aquí volvemos a lo que al principio señalé como la piedra de toque del espíritu.

Con esto se nos presentará de nuevo el intrincado problema que aplazamos ha poco. El de nuestra creencia excediendo a nuestra experiencia. Uno de los más profundos lógicos de nuestros días, Bain, trata de orillarlo, diciendo que es una tendencia instintiva del espíritu; y hasta trata de ponernos en guardia contra esto que llama nuestra credulidad natural.

Con perdón sea dicho de tan grande autoridad, esto es dar un nombre por una explicación. Esa tendencia existe, y suele ser origen de errores, pero también en ella se asienta el fundamento de todas nuestras generaciones. Bien merece algo más que ser relegada a la oscura y vasta región de los instintos; lugar a donde acostumbran los filósofos desterrar todos los actos psíquicos que no son dóciles a sus métodos. Mientras nos sea dable intentar una explicación, y postulando este hecho de la extensión de nuestras experiencias, precavámonos en lo posible, estableciendo que los límites de nuestros conocimientos son los de nuestra sensibilidad. Las impresiones de los sentidos y los músculos para lo externo; las sensaciones de placer y dolor, los estados afectivos, los estados intelectuales y violaciones para lo interno, agrupándose por sus semejanzas y distinguiéndose por sus diferencias, ésta es la urdimbre de nuestro espíritu, ésta, la materia de su conocimiento. Más allá ... solo queda la región de la fascinación y del éxtasis, donde los datos de la experiencia se adulteran, se agigantan y toman proporciones que hacen estremecer al espíritu con los primeros acometimientos del vértigo. Aquí acaba la región de lo normal, y empiezan los delirios de la vesanía. ¡Ah! Señores, la lógica no es solo la norma de la inteligencia; llega a ser muchas veces la higiene del espíritu.

Lección tercera

Señores:

No temo de vuestra sostenida atención y clara inteligencia que hayáis entendido que suprimo toda línea de demarcación entre las ciencias. Esto sería tan poco lógico, como poco real es el error contrario. Y aquí lógico quiere decir subjetivo. Puesto que el conocimiento individual nace por una clara separación del objeto de todo lo que no es él, el conocimiento de todo un departamento de nuestra ciencia exige que, por abstracción, lo limitemos.

De aquí el constante esfuerzo por trazar con precisión los límites de cada dominio científico, a veces ampliados, a veces restringidos, y causa no pocas de reñidas guerras, que pudiéramos llamar de fronteras.

Al dar los primeros pasos en el campo de la lógica, nos encontramos precisamente con un conflicto de esta naturaleza. ¿Cuál es su verdadero dominio? ¿Cuál su objeto? ¿Cuáles sus límites? Cuestión interesantísima, no solo porque tiene divididos a los más eximios representantes de la especulación filosófica, sino por las consecuencias prácticas que su solución entraña, con respecto al rumbo que se toma en esa misma especulación.

Conocer la verdad, ya lo hemos dicho, es más que un propósito, es una necesidad constitutiva; pero hay dos medios de conocer la verdad; hay dos medios de apreciar las cosas externas con nuestro yo, y de las relaciones de las cosas externas entre sí. El primero es la intuición: la relación inmediata y directa del objeto con el sujeto: la presentación del uno al otro. Cambia de grado, pero no de naturaleza, cuando la presentación del objeto —ya verificada— es mental, es representación. Toco esta mesa; una sensación de contacto y otra muscular me dicen que es resistente, que está pulimentada; la miro y aprecio su forma, su tamaño, su color; estas y otras sensaciones que provoco y puedo provocar me presentan la mesa, hacen que la perciba y tenga conocimiento de ella. Lejos ya de esta sala, puedo a voluntad o puede una asociación suscitar en mí el recuerdo exacto de la mesa; tengo su presentación; y por la representación el mismo conocimiento de ella; digo el mismo, porque no se ha añadido un solo elemento, si acaso se han debilitado los adquiridos, y con el transcurso del tiempo se debilitarían más, hasta privar la imagen del objeto de la claridad con que se me representó en los primeros momentos próximos a su intuición. Si quiero devolverle esa claridad, necesito renovar la presentación, tengo que acudir a la primera forma de la intuición. Os ruego que no perdáis de vista esta aserción vulgar, que es, sin embargo, una adquisición. Hasta aquí he percibido relaciones entre la mesa y mi espíritu; pero también percibo que la mesa está colocada en cierto lugar de esta sala, próxima a ciertos objetos, distante de otros, que en determinado momento está en un punto, que en un momento subsecuente ha sido trasladada a otro, etc.; la presentación de todas estas relaciones de coexistencia y sucesión entre objetos que me son externos, se verifica del mismo modo que la primera entre la mesa y yo; y su reproducción mental sigue idénticos trámites. Esto se aplica igualmente al mundo interno, donde la intuición se llama particularmente conciencia.

Las verdades que conocemos por intuición, constituyen el fondo permanente de todos nuestros conocimientos. Suprimid uno cualquiera de los canales de la intuición, y os privaréis forzosamente de todo un orden de conocimientos.

Pero éste es el primero, no es el único medio de conocer. El círculo de la intuición es muy restringido; muy pobre sería nuestro conocimiento, si al mismo tiempo que por este medio no llegáramos a él infiriendo de una verdad otra. Con los datos de la intuición construimos la trama variadísima de la inferencia. Noto en este mueble un olor peculiar que me indica que está barnizado, y suscita en mi mente la representación de los actos necesarios para este fin. Yo no he tenido intuición de ellos; pero de una intuición los he inferido. Veo un hombre con los músculos faciales violentamente contraídos, sus ojos despiden chispas, tiene la voz ronca y habla en un diapasón más alto o más profundo que el acostumbrado, de todas estas intuiciones infiero que en su ánimo se está produciendo una serie de fenómenos que constituyen el estado pasional llamado cólera. Examinando un abra artificial, hecha para el trazado de un ferrocarril, veo las capas estratificadas de las rocas, descubro en ellas impresiones e incrustaciones de animales fluviales; infiero que toda esa porción de la corteza terrestre se ha ido levantando por lenta aglomeración debajo del agua. Doy con un apolillado manuscrito, encuentro en él una forma anticuada de escritura, infiero que fue escrito por un hombre de la época en que se usaban esos caracteres. Todo aquello que ha ocurrido sin nuestra inmediata participación, nos es notorio por inferencia. El testimonio humano en todas sus formas, es para nosotros un caso de inferencia. Un teorema de matemáticas es otro caso de inferencia. Ya vemos cuán amplio es su dominio, y ya vemos también que todo cuanto somos capaces de conocer ha de pertenecer a la intuición o a la inferencia; debe estar incluido, como ha dicho Stuart Mill, en el número de los datos, primitivos o de las conclusiones que pueden sacarse de ellos.

Y hay algo mucho más importante, y por lo que he sido hasta fatigoso si queréis en este punto. Toda inferencia por medio de representaciones nos lleva a una o muchas intuiciones. No habléis a un ciego de colores; por más que agotéis vuestro talento descriptivo, siempre se quedará a oscuras. Percibirá sonidos, distinguirá signos, pero su contenido se le escapará absolutamente.

La intuición, como caso de simple presentación, y aun en su forma de representación, no ha entrado directamente en el dominio de la lógica.

Hoy comenzamos a salir de este camino trillado; y la ciencia de la prueba ha de ganar no poco en precisión y exactitud con esta extensión de dominio. El estudio de las anomalías mentales, cada día más perfecto, merced a las investigaciones fisiológicas y anatómicas del cerebro; la importancia que se da a los fenómenos de la vida inconsciente e involuntaria; las nuevas teorías sobre las ilusiones y alucinaciones han de dar por resultado, no la desconfianza en el testimonio de nuestros sentidos, sino el conocimiento verdadero de su recto uso, estableciendo la necesidad de la repetición de las intuiciones, para depurar y fijar la intuición.

Las intuiciones repetidas con atención y reflexión, constituyen un campo en que ya estamos dentro de la lógica, el de la observación, donde no todo, ni tal vez la mayor parte, se fía a la deposición de los sentidos; en una observación detenida entran, con mayor o menor claridad, numerosas inferencias. Véase de nuevo como, por más que nuestro análisis separa la operaciones mentales, ellas se anatomosan y confunden, mejor dicho, no forman, sino una unidad primordial susceptible de descomposición.

Y con la inferencia ya estamos en el campo propio de la lógica; aquel en cuya posesión secular descansa tranquila desde los tiempos de Gotama y

Aristóteles. En la inferencia podemos pasar de una presentación a una representación, o de una representación a otra, ya de una manera inmediata, ya de un modo mediato por el intermedio de otras representaciones, o inferencias que sirven de eslabón. Hay la inferencia inmediata de lo que se llama las verdades necesarias, o proposiciones idénticas, a que se ha referido por mucho tiempo la inferencia mediata de la deducción; y hay la inferencia mediata de la inducción. Aquí surge una de las disidencias más antiguas de la filosofía, una de las cuestiones que más han dividido los ánimos, y para resolver la cual, presumo que tenemos ya todos los antecedentes. Para los lógicos ingleses contemporáneos de la escuela experimental, que seguimos, todas estas clases de inferencias merecen capítulo especial en la ciencia que indaga la verdad. Para el mayor número de los filósofos racionalistas y aun críticos, la lógica, previó el conocimiento preliminar de los términos, nociones y proposiciones, no debe estudiar más que la inferencia inmediata y la inferencia deductiva; que es lo que se ha llamado la lógica formal; por considerarse estas operaciones como las formas del pensamiento, como actividades que podían funcionar in vacuo.

Esto había estudiado Aristóteles, que se proclamaba así propio el padre y fundador de la lógica; y no se concebía la posibilidad de dar un paso más allá. El mismo Kant asevera que, en cuanto al fondo, la lógica había salido completa de las manos del Estagirita: Bien es verdad que la lógica formal no ha tenido defensor más acérrimo que el filósofo de Konisberg. Según él, las reglas de la lógica se deben considerar a priori, es decir independientemente de toda experiencia: la reglas generales y necesarias del pensamiento no pueden referirse más que a la forma, y en manera alguna a la materia o contenido: la lógica no puede servir de órgano para las ciencias: como regla del entendimiento y las razón, no puede dar nada de otra ciencia ni de la experiencia; no debe contener más que las leyes puras, a priori, que son necesarias y constituyen la división del entendimiento en general: es tan absurdo introducir principios psicológicos en la lógica (habla siempre Kant), como derivar la moral de la conducta de la vida etc., etc.

Todas las razones que presenta Kant en apoyo de estas aserciones, han sido reproducidas en nuestros días por Mr. Mansel, el discípulo más adicto a Hamilton, que también profesaba la lógica kantiana. Para todos ellos el verdadero, el único objeto de la lógica, es llegar al acuerdo del pensamiento consigo mismo; es decir, que no viole la ley de identidad, ni el principio de contradicción.

Pero es lo particular que el mismo Mr. Mansel nos da las armas con qué derrocar todo este edificio. Como se habrá notado, en todas estas aseveraciones se parte del supuesto falso de que puede haber inferencias, raciocinios, sin intuiciones. Sin duda que estos eminentes pensadores se han engañado por la analogía de las matemáticas, donde todo parece ejecutarse con formas, olvidando que en todo teorema hay un supuesto condicional, las más de las veces tácito, algunas manifiesto —en el caso de que haya tantos y tantos centenares de objetos y estén en la proporción tal con tantos y tantos otros; en el caso de que tengamos un paralelogramo de tal base y tal altura, etc., y que los fenómenos de número y dimensión tienen una simplicidad a que no pueden aspirar las intuiciones que sirven de fundamento a las operaciones lógicas, y que abrazan por entero los dos órdenes de la realidad hasta en sus modos más eminentemente complejos.

Pues bien; Mr. Mansel nos dice: el pensamiento puede violar sus propias leyes y destruirse a sí mismo. Se puede imaginar algo que sea absolutamente inconcebible. Por otra parte, el pensamiento puede estar de acuerdo consigo mismo, pero en contradicción con los hechos de experiencia, entonces, aunque sea completamente concebible, es empíricamente falso, no real. Cierto. El pensamiento puede aceptar en una forma la concepción falsa, la concepción opuesta a los hechos, que admitió en otra. Pero entonces, ¿a qué viene a quedar reducido el famoso acuerdo del pensamiento consigo mismo? Si este acuerdo nos dice solamente que el instrumento funciona bien en el aire, ¿lo aplicaremos con tranquilidad seguridad al objeto real en que hayamos de emplearlo?

Un lógico formalista nos lo dice. El pensamiento puede no violar la ley de identidad y no responder a los hechos. Ahora bien, sobre hechos raciocinamos, por los hechos nos hemos de determinar y los hechos tienen que servirnos de último criterio. Si con el pleno conocimiento de las formas del pensamiento vamos a naufragar en el error, gracias por el faro. Pero dice más Mr. Mansel; confiesa que se necesitan datos materiales para que podamos pensar en alguna cosa, aun formalmente. Pues no necesitamos más;

esto mismo decimos nosotros, y no se comprende que se destierren unos datos que son condición necesaria, solo porque son materiales. No nos olvidemos nunca de que la verdad es una relación y no la vayamos a buscar en los hechos desnudos, porque los hechos están dados en nosotros; no la vayamos a buscar al espíritu aislado, porque éste no se determina sino, por los hechos.

No sin razón, señores, hemos llamado a la ley de relatividad, la ley última de nuestro espíritu. Es en vano que por medios artificiales tratemos de quebrantar esa conjunción de las dos series fenomenales que se da en la más tenue sensación, en la idea más fugaz. Que un criterio de la verdad material es a la vez imposible y contradictorio, como dijo Kant, y repite ahora Mansel, nada más cierto. ¿Pero existe un criterio de la verdad racional? ¿Quién es capaz de demostrarlo? No hay verdades materiales ni verdades racionales: toda verdad es ambas cosas a la vez o no es nada; el criterio no está en el empirismo, ni en el idealismo: está en la verificación repetida de las construcciones ideales por la apelación a sus elementos materiales. Entendámonos bien, porque este punto es trascendental —pasó al término metafísico—. Todo lo que sabemos del mundo objetivo, lo sabemos en nuestra conciencia y conformado por nuestra conciencia. Esto casi nadie lo disputa. El viejo materialismo está fuera de combate.

Vibraciones etéreas infinitesimales producen en nuestro sensorio la impresión lumínica: 497 billones de ondas etéreas, hiriendo nuestra retina en un segundo, producen la sensación de color rojo; 699 billones, la sensación de color violeta. ¿Qué hay de común entre las pulsaciones de una sustancia rarísima y elástica y las sensaciones de color? Problema no resuelto. Pero es lo cierto que esas pulsaciones son en nosotros la sensación. Mas ¿nuestra conciencia puede aseverar por sí y ante sí, que una sensación rapidísima que tuvo fue del color rojo y no del carmesí? Aquí está en esencia toda la cuestión. Necesita provocar de nuevo la relación con lo objetivo para adquirir la facultad de aseverar: poco importa lo que la luz sea objetivamente (permítaseme hablar así); para nosotros es lo que la sensación la hace. Pero la sensación no trabaja in abstracto. Luego, la relación y siempre la relación.

Ya sé lo que me replicarán los formalistas. Hay modos de funcionar el intelecto (leyes) que nos dan conclusiones necesarias verdaderas —intelectualmente— cualquiera que sea el objeto a que se aplique; y esos modos de funcionar, estas leyes, constituyen su supremacía. Pronto, muy pronto examinaremos esas leyes, que son las de identidad y contradicción, y veremos que ambas están basadas en las relaciones primordiales de distinción y semejanza que suponen los dos elementos objetivo y subjetivo, y que sus conclusiones tienen validez, en cuanto se conforman con esos datos relacionales; si no, ya lo ha dicho Mansel, carecen de verdad en lo objetivo; y yo añado que la verdad meramente subjetiva es una quimera. Los lógicos formalistas no se cansan de proclamar lo contrario, ¿cómo no quería, pues, Kant que la lógica degenerara en dialéctica, en una lógica de apariencia? como él llama. Esta dialéctica, también lo dice él, es un producto del simple abuso de la analítica. Pero es que su analítica no se presta al uso, sino al abuso. ¿A qué nos hemos de tomar el ímprobo trabajo de reiterar experiencias, cambiar los elementos en presencia, variar las circunstancias, asegurarnos del buen estado de nuestros órganos, y tantos requisitos engorrosos, si con observar tres o cuatro reglas mentales sencillísimas puedo adquirir el último límite de la certeza? No hay más: o aceptar la dialéctica y, por consiguiente, la escolástica, o llevar la consecuencia lógica hasta sus últimos límites, y decretar con Barthelemy-Hilaire una mutilación de las ciencias, que salve los principios.

El razonamiento humano, dice el doctor traductor de Aristóteles, está sometido a ciertas leyes necesarias, que sigue las más de las veces inconscientemente; lo mismo que practica el bien, sin darse cuenta de él. Esta leyes están en el fondo de la inteligencia, que sabe descubrirlas en sí, cuando aplica a ello una reflexión suficientemente atenta. Comprobar esas leyes con exactitud, reducirlas a sus elementos más simples, mostrar todas sus relaciones y consecuencias, esto es lo que debe hacer la lógica y cuando se comprende bien a sí misma, no va más allá... ¿Cómo deben aplicarse esas leyes en la práctica para que el razonamiento alcance su objeto? Ésta es una cuestión de un orden completamente distinto; que la filosofía puede y aun debe proponerse, porque el espíritu humano se la propone constantemente. Pero esta cuestión, por útil que sea, por filosófica que pueda ser, no es lógica; no pertenece a la ciencia, y si la ciencia la ventila, ignora su verdadero papel.

Esta cuestión es para Barthelemy-Hilaire el objeto de un arte especial: el método, cuya importancia no desconoce, pero, repite, éste no forma parte de la lógica. Horabuena. Por mi cuenta creo, señores, que todos querríamos que nos lo enseñaran en un apéndice a la lógica, aunque se extendiera más que la misma parte principal.

Pero hay, sin duda, un medio de quedarnos con la dialéctica. El medio a que ha apelado todo el idealismo alemán, y en particular Hegel y su escuela. Suprimir la distinción fundamental entre el yo y el no yo, y postular la identidad de lo objetivo y lo subjetivo. ¡La identidad! ¿Cómo? ¿Por qué? ¡Ah porque sí! El medio de desatar el nudo es cortarlo: la oposición fundamental se resuelve en una identidad. No preguntéis más. En el fondo, como en la superficie; en la materia, como en la forma; en la sustancia, como en los atributos, no hay más que el ser, que es todo, en kai pan. Bien es verdad que el mismo Hegel afirmaba formalmente esto que parece una suprema ironía; el ser es igual al no ser; el ser puro es la abstracción pura, y por consiguiente, la negación absoluta (das absolute negative), o como lo dice con más claridad un precursor francés de hegelianismo, todo y nada son la misma cosa. Sí: porque sí todo no significa la totalidad de los fenómenos, si no es el todo, no significa nada. Y el ser abstracto niega toda fenomenalidad; es realmente el no ser. Ahora bien, nosotros somos y estamos siendo incesantemente, ¿qué tenemos que ver con todo eso? Pero sí, tenemos que ver, porque hay un gran peligro en el fondo de éstas, al parecer, inofensivas paradojas. Ese ser que se identifica a la nada, es, sin embargo, la piedra angular de la ciencia; a los momentos de su evolución responden de una manera necesaria las diversas transformaciones del mundo objetivo y del mundo subjetivo; pero como aquéllos son la realidad real, la realidad absoluta, han de ser la materia preferente de nuestro estudio, y volvemos a la lógica formal —en lo que tiene de más restrictivo— como el estudio supremo. Solo que aquí no se contenta el lógico con olvidar los hechos, les impone el yugo de sus propias leyes lógicas del ser son las leyes del mundo. Y en vano es que nos estén hablando de las adquisiciones científicas, en vano que desciendan al mundo de la experiencia y recojan su última palabra; cuando se posee la verdad absoluta que se contempla en la idea pura, ¿qué importan los hechos relativos y contingentes? O se los desconoce y mutila, o no se cree en ellos. El dogmatismo o el escepticismo. Suelen darse las manos. Ved a dónde podemos deslizarnos por esa pendiente.

Así es que nada iguala al desdén de esta novísima dialéctica por la lógica inductiva. Verá, en una simple nota al prefacio de su traducción francesa de la Lógica de Hegel, después de decir que la de Stuart-Mill no tiene a sus ojos una importancia seria y verdaderamente científica, se pregunta: «¿Qué es la lógica de Mr. Mill? ¿Es una lógica formal, o una lógica objetiva, o cómo se la ha de llamar? Mejor dicho, ¿es una lógica cualquiera? Ahora bien, digo que la única respuesta a éstas es que ese libro es un nacimiento confuso, indigesto y superficial de todas las esferas del conocimiento; lo que significa que es lo contrario de lo que pretende y de lo que debe ser».

Y adviértase que, según este mismo convencido discípulo, la lógica formal, la antigua lógica, es no solo insuficiente, sino falsa. ¿Cuál es, por tanto, la verdadera lógica? La de Hegel. ¿Y cuáles son sus caracteres? ¿Qué la distingue de las conocidas hasta el día? Vamos a verlo.

Las otras lógicas no consideran, sino hechos, relaciones, hipótesis —habla la escuela hegeliana—, pero aquí no está todo el conocimiento humano. Más allá de los datos múltiples y variables que nos proporciona la experiencia, concebimos una realidad única, inmutable: el noumenos con respecto a los fenómenos; la especie con respecto a los individuos que la componen. Estos dos órdenes de realidades no solo son opuestos, sino contradictorio y, sin embargo, nos vemos forzados a concebirlos en los mismos objetos. Hasta aquí, señores, nada nuevo habréis oído. Esa esfera de lo inmutable no es otra cosa que las últimas generalizaciones a que nos puede llevar la abstracción. El noumenos, la sustancia, no es más que una concepción a que hemos llegado a fuerza de abstraer todas las diferencias al no yo, y dejarle lo que tiene de más general con respecto al yo —facultad de afectarlo—. La especie no es más que el concepto formado por la reunión de las cualidades comunes de los individuos, con abstracción de las diferencias. Tampoco os sorprenderá que tengamos que concebir esos dos órdenes de ideas en un mismo objeto; ya sabéis que lo fundamental en nuestro espíritu es proceder por distinción y asimilación, operaciones que se completan y no se contrarían, y que la idea individual es una síntesis de conceptos generales perfectamente limitados, esto es, distinguidos. Por consiguiente, advertiréis que no hay tal contradicción en esos que se llaman dos órdenes de realidades. Tomemos uno de sus ejemplos. La idea de individuo no se oponen a la de especie, ni viceversa. Cuando me fijo en el individuo atiendo más a las diferencias que lo localizan y lo determinan en el tiempo. Cuando me fijo en la especie atiendo más a las cualidades comunes, sin atender a esa relaciones de lugar y tiempo. Éste es todo el secreto de esa famosa contradicción. Pero como para los hegelianos existen, necesitan ideas que la concilien, que reduzcan la multiplicidad a la unidad, lo relativo a lo absoluto, etc., estas ideas constituyen la ley que ha descubierto la lógica de Hegel: la síntesis de los contradictorios. Toda oposición de dos términos, tesis y antítesis, se resuelve en una síntesis, que a su vez pasa a ser tesis, hace surgir su antítesis y ambas van a armonizarse en una nueva síntesis; cadena que parece a primera vista infinita, hasta que la voluntad del maestro la termina dogmáticamente en lo absoluto, en aquella identidad de que ya hemos hablado, ni más ni menos que hace terminar el progreso de la historia y de la inteligencia en su tiempo y en su sistema. Ahora bien, señores, como esa no contradicción, sino relatividad de toda idea, tiene su raíz, como lo que repetido y he de repetirlo, en el dualismo irreductible de nuestro intelecto, esas síntesis sucesivas no conducen a ninguna síntesis final, sino verbalmente. Aquí estaba el engaño de la escolástica, y aquí está el del hegelianismo. Cuando he llegado a la relación, u oposición, de lo objetivo y lo subjetivo, puedo armonizarlos verbalmente y llamar a esta síntesis artificial lo absoluto; pero como el contenido de este término no es otra cosa que la oposición de los dos anteriores, y como a él, sí, no le puedo oponer nada, y ya sabemos que sin ese requisito no es posible el conocimiento, cuando decimos lo absoluto decimos lo objetivo y lo subjetivo, y no decimos nada más, ni entendemos nada más; luego tenemos una nueva palabra y no un nuevo concepto.

Bien podemos afirmar, pues, que a pesar de su desdén y de su orgulloso dogmatismo, la lógica hegeliana dista mucho de cumplir sus pomposas promesas; así como la lógica formal reduce arbitrariamente el dominio de la misma ciencia que tanto preconiza.

Hay una parte abstracta en la lógica que, a la luz de los datos psicológicos, investiga los principios en que se funda. Esto es cierto de toda certeza; esto constituye una división científica. Pero hay otra parte práctica que enseña la aplicación de esas leyes; el modo de funcionar del mecanismo ya conocido. ¿No es el mayor de los absurdos separar esta parte —porque es práctica— del cuerpo de la ciencia, y más aún, extrañarla de la ciencia? Y digo que es absurdo, porque ya lo dejamos probado: aun cuando lo parece, el pensamiento no funciona in vacuo; estudiemos, pues, no solo la forma que reviste, sino la materia sobre que actúa; éste es el único medio de llegar a la verdad, y ésta es nuestra aspiración, ¿qué digo? nuestra necesidad suprema.

Es verdad que extendemos sus límites; pero por otra parte, queda bien circunscrito su contenido. La lógica es la ciencia de la prueba. Parte de la simple intuición; acendra y asegura la observación; rodea de los más exquisitos cuidados el procedimiento experimental; garantiza nuestras generalizaciones; asienta sobre esta base sólida e inquebrantable el razonamiento deductivo, y de este modo pone en nuestras manos todos los comprobantes de la más palmaria demostración. Recordad, señores, que para Aristóteles la lógica era la ciencia de la demostración; si el padre de la escolástica hubiera vivido en nuestros días, tal como ésta hubiera sido la lógica aristotélica.

Lección séptima

Señores:

Hemos visto ya con qué garantías podemos aceptar como postulado la creencia en la uniformidad de la naturaleza, mejor dicho, en las series de uniformidades que nos presentan la naturaleza. Tiempo es ahora de que veamos en qué formas pueden aparecer ante nosotros esas series.

Bien recordaréis que al tratar del contenido de las relaciones primordiales que establece nuestro espíritu entre los estados de conciencia que nos presentan lo objetivo y lo subjetivo, la de coexistencia, la de sucesión, la de causalidad y la de cantidad. Esta relación constituye lo que ha llamado Bain las afirmaciones últimas, o formas universales de predicados; porque cuanto se puede afirmar de un sujeto, entra en último análisis en una de estas formas.

La inducción, en rigor, debe facilitarnos el medio de comprobar proposiciones de todas estas clases, en toda la extensión de lo conocido; pero en realidad, la gran categoría de leyes a que particularmente se ha aplicado el método inductivo en lo que tiene de complicado, han sido las leyes de causalidad.

Veamos por qué.

En la coexistencia debemos distinguir la contigüidad en el espacio y la inherencia de varios atributos en un mismo sujeto. Cuba está a la entrada del golfo mexicano, al norte del mar Caribe; a los veintitrés grados, cuarenta minutos de latitud norte. Siria está situada en la constelación de Gran Can. El Cráneo descansa sobre el atlas, el cual a su vez gira sobre la apófisis odontoides. Estas proposiciones de coexistencia, indican la contigüidad en el espacio.

El fósforo, recién fundido, es un cuerpo transparente, incoloro o amarilloso, flexible y blando; se derrite a los 442.°, hierve a los 290.°: su vapor es incoloro y posee una densidad de 4'32 con relación al aire. El fósforo ordinario posee una gran afinidad por el oxígeno; expuesto al aire se oxida lentamente. Todas éstas señalan la inherencia de atributos en un mismo sujeto.

Esta última clase de coexistencias han de ser afirmadas mediante repetidas observaciones, auxiliadas por experimentos adecuados, y su única garantía estriba en una concordancia universal; es decir, que cuantas veces hagamos la observación en idénticas condiciones, aparezca la misma coexistencia.

En cuanto a las primeras, si algunas son comprobadas meramente por la observación, no pocas son el producto de causas determinantes, para fijar las cuales es necesario el rigor de los métodos de eliminación. En una mina de carbón, por ejemplo, la capa de esta materia está siempre situada entre dos capas de rocas sedimentarias. Observando con detenimiento la inferior, se reconoce que es un lecho de arcilla oscura, con ramificaciones a modo de raíces por todas partes. Este lecho arcilloso existe en todas las minas de carbón; pero no es una mera coexistencia, puesto que aceptada la teoría de la formación de esas minas, que nos enseña a ver en ellas los restos de una antigua vegetación, la arcilla inferior tiene que ser el terreno en que se arraigaba, y ésta es una disposición debida a la relación causal.

Y no es un asunto de poca monta que estemos en presencia de una mera contigüidad o inherencia de cualidades o poseamos una relación de causalidad.

La primera exige siempre la apelación a la intuición o la observación; y nada nos anticipa en rigor. En cambio la segunda nos permite prever con plena certeza, y sin necesidad de que donde quiera que se descubra una mina de carbón, descansará sobre un lecho de arcilla o esquisto. Esto nos permite proceder en consecuencia.

De aquí que la más difícil e importante tarea en las ciencias que contienen un gran número de proposiciones de coexistencia, consista en procurar referirlas a casos de causalidad; acerca de lo cual todo tiento y precaución serán siempre pocos.

La gran revolución intentada por Darwin estriba precisamente en que mira a introducir el principio de causalidad, en las ciencias cuyo dominio había sido hasta aquí el de la observación de las coexistencias.

Respecto a la sucesión, cuando solo entendemos por ella la contigüidad en el tiempo, cae solo, como la anterior, bajo el dominio de la observación y la gran dificultad consiste en determinar cuando estamos en presencia de un fenómeno de sucesión en el tiempo, que ha sido la consecuencia forzosa de determinados antecedentes.

Toda la sociología de Augusto Comte merece el grave cargo de darnos un inmenso número de hechos contiguos en el tiempo y el espacio como unidos por lazos de la relación causal. Casi todas las pruebas que aduce para cimentar su ley de los tres estados son de esa naturaleza y, por consiguiente no hay tales pruebas.

Nos quedan las proposiciones de cantidad, que pueden extenderse a esas de contigüidad, en los casos en que la observación es tan precisa, que llega a la determinación cuantitativa.

Sabido es que estas proposiciones son el fundamento de la ciencia que más se aleja de la inducción, la matemática. En cuanto a los principios fundamentales, para muchos y eminentes pensadores, nos son dado a priori; los filósofos de la escuela inductiva quieren que sean debidos a la facilidad con que su constante presentación los connaturaliza con nuestro modo de ser mental; como si dijéramos que son casos de observación permanente. De todos modos, no caen dentro de los límites de la investigación causal.

Tiempo es de fijarnos en ésta.

¿Qué entendemos por causalidad? De nuestras nociones primeras, pocas habrán sido más oscurecidas por las divergencias de las escuelas filosóficas acerca de pocas de ellas habrán tan encontradas opiniones y, sin embargo, ninguna le excede en importancia. Cierto que, sin la distinción y la semejanza, sería imposible el conocimiento; pero sin la causalidad, todas nuestras actividades quedarían paralizadas. En la constante y necesaria relación del sujeto al objeto, el sujeto se está determinando siempre como causa, u obra en previsión de causas, o trata de modificar las causas objetivas. Cuando el legislador promulga a estatuto, pretende ser una causa que determine a otros sujetos a obrar de cierta manera, ya positiva, ya negativa; cuando doy una orden a mis dependientes; cuando amonesto o aconsejo a un amigo; cuando censuro los vicios públicos, en todos estos casos intento ser causa de sucesivas modificaciones. Cuando aguardamos la hora señalada de abrir las oficinas para emprender el curso de nuestros negocios; cuando el comerciante, en vista de la pérdida de una cosecha de cereales, pide por telégrafo una triple remesa de granos, cuando un gobierno, anticipándose a un casus belli, hace levas y artilla sus plazas fuertes, y reúne sus buques acorazados, todos obran previniendo que determinadas causas producirán determinados efectos. Cuando un molinero comienza por repasar el río; cuando el facultativo ordena la ingestión de ciertas dosis de sulfato de quinina para cortar unas fiebres intermitentes; cuando en los países templados se cultivan las plantas tropicales en invernaderos, o en los jardines de las zonas tórridas se cubren las flores de climas más fríos con ramas dispuestas en determinada posición, no se intenta nada menos que modificar las causas naturales.

De esto depende que las ciencias, cuyo objeto primordial es el conocimiento de la naturaleza, para seguridad y provecho del hombre, han de poner su principal empeño en la determinación de las causas, y que las inducciones de causalidad sean el dominio propio del hombre científico.

Nada más necesario, por tanto, que estudiar detenidamente una cuestión cuyas aplicaciones son incesantes en toda nuestra vida de relación. ¿Qué hay en la noción de causa? ¿Cómo poseemos el principio de causalidad? Dos opiniones extremas —dejando aparte las intermedias— están frente a frente.

La opinión célebre de Hume, según la que la relación causal consiste en una simple sucesión de dos acontecimientos, la cual, frecuentemente renovada, produce en nuestro espíritu el hábito de considerarlas unidas; y la opinión que ve en esa relación una idea racional, anterior a toda experiencia y absolutamente necesaria. Esta es la de la escuela racionalista contemporánea.

Oigamos al mismo Hume:

Un solo caso, una sola experiencia, en que hayamos observado la sucesión de dos acontecimientos, no basta para autorizarnos a establecer una regla general y a predecir lo que sucederá en los casos semejantes; sería, en efecto, una temeridad incalificable juzgar del curso entero de la naturaleza, fundados en una simple experiencia, por exacta y cierta que fuese.

Pero cuando hemos visto, en todos los casos, que dos fenómenos se siguen y se asocian, ya no tenemos ningún escrúpulo en predecir el uno desde la aparición del otro, y en emplear esa forma de razonamiento que es la única que nos puede asegurar de las cosas de hecho o de existencia. Llamamos al uno causa y al otro efecto. Suponemos que existe entre ellos alguna relación; atribuimos al primero un poder que le permite producir infaliblemente el otro y hacerlo con la certidumbre más completa y la más estricta necesidad... Pero una pluralidad de casos y un solo caso exactamente semejante, no difieren sino en un punto: en que la repetición de experiencias semejantes determina al espíritu, por una especie de hábito, a prever desde la aparición de un fenómeno el fenómeno que está ordinariamente asociado con él, y a creer que se producirá.

Esta es la doctrina que ha provocado tantas protestas, y que ha sido tantas veces acusada de conducir directamente al más absoluto escepticismo. Lo menos que se ha dicho de ella es que destruye la noción de causa; pero no debía ser así en el ánimo de su autor, cuando lo vemos luego con el título de Reglas para juzgar las causas y los efectos, bosquejar la sistematización de los cuatro métodos experimentales que ha inmortalizado a Stuart Mill. Es cierto, sin embargo, que la teoría de Hume, si bien pone de relieve una cualidad de la noción de causa —la de sucesión invariable— es incompleta y puede inducir a error.

Lo que la experiencia de toda nuestra vida y la comunicación con nuestros semejantes nos hace ver en la noción de causa, no es una mera sucesión, sino una dependencia estricta. Este elemento importantísimo queda en la sombra en la teoría de Hume. Pero no anticipemos ideas. Un reflejo de la teoría del célebre escocés ha sido en nuestros siglos la de Comte, para quien la investigación de las causas está fuera del alcance de las facultades humanas, que solo pueden llegar a las leyes o relaciones de sucesión y similaridad. Aquí, el fundador del positivismo, aunque no las ha mencionado, se ha referido a las que el lenguaje de la vieja metafísica llama causas últimas; pues las que llama leyes de sucesión son, precisamente, esas causas próximas o secundarias, cuya investigación constituye todo el empeño de las ciencias. Como observa juiciosamente Stuart Mill, nada se gana con quitar a estas últimas el nombre de causas, que implica un atributo especial y perfectamente adecuado.

En cuanto a la escuela racionalista, comienza por distinguir entre la noción de causa y el principio de causalidad (Franck). La noción de causa es un producto de la experiencia interna o sentido interno.

La conciencia nos enseña que no somos seres puramente pasivos, dice Franck, sino que tenemos el poder de modificarnos a nosotros mismos, y de producir, ya en nuestro espíritu solamente, ya en nuestro espíritu y nuestro cuerpo, un cambio, de cual sabemos con certeza que somos los autores, y cuya responsabilidad reivindicamos con perfecto derecho. Este poder es la voluntad, y los actos por los cuales señala su presencia, son la atención y el esfuerzo muscular.

Para este autor, como para toda la escuela, la atención cae siempre y en todas ocasiones bajo el imperio de la voluntad, que puede no solo producirla, sino sostenerlas y suspenderla sin limitación. Este poder de la voluntad

no está solamente en nosotros como una cualidad en un sujeto, continúa diciendo el mismo autor, como un fenómeno en una sustancia, o como un hecho invariablemente ligado a otro hecho, sino que nosotros somos su causa eficiente, y para tener la idea de semejante causa, y para asegurarnos al mismo tiempo de que responde a una existencia real, nos basta observarnos a nosotros mismos. En el esfuerzo muscular hay todavía más: nuestra potencia causatrix se ejerce a la vez dentro y fuera, sobre nosotros mismos y sobre el mundo físico.

De modo que en nosotros mismos encontramos la noción de causa.

En cuanto al principio de causalidad es un producto de esa facultad superior a los sentidos y a la conciencia, que se llama la razón; la cual nos enseña que es un principio absoluto que se impone sin distinción ni excepción a todos los fenómenos, y nos hace salvar el tránsito de la causalidad en nosotros mismos, seres inteligentes y libres, a la causalidad en la naturaleza, esto es, en seres que no son ni inteligentes, ni libres, refiriéndola a una causa superior infinitamente inteligente y libre.

En primer lugar, está división entre la noción de causa y el principio de causalidad es completamente arbitraria.

En la noción de causa va imbíbita su universalidad y necesidad —en el sentido relativo en que debemos emplear juiciosamente estos términos— o no existe la noción. ¿Qué significa que poseemos la noción de causa? Pues no significa otra cosa, sino que conocemos que entre los fenómenos hay cierta dependencia y sucesión invariables. Lo que hay en esa pretensa división es que no sabiendo cómo justificar la generalización a que nos conduce todas nuestras experiencias desde el comienzo de la sensibilidad en la vida intrauterina, se presenta como el resultado de una facultad especial, cuya función es reconocer que ciertos principios son universales y necesarios, en otros términos, absolutos. De modo que así, como vemos porque tenemos la facultad de ver, y queremos porque tenemos la de querer, sabemos que la noción de causa es absoluta, porque tenemos la facultad de saber que es absoluta. Como se ve, la razón es una facultad preciosa y sobre todo: acomodaticia.

En cuanto al tránsito de la causalidad individual a la causalidad natural como el producto de una inteligencia soberana, es un mero razonamiento por analogías, diferente solo en grados del que conduce al habitante de Tasmania a creer en la virtud de su fetiche.

Por lo que respecta a la noción en sí, el análisis de la escuela racionalista, como explicación de la génesis de la idea de causa por el testimonio del sentido interno, debido a Maine de Barin, es digno de atención; si bien podemos notar en Franck, que nos dice, sin pruebas, que en nosotros el poder voluntario sobre la atención, no existe, como un hecho invariablemente ligado a otro hecho, sino que nosotros somos su causa eficiente; lo cual es girar en un círculo vicioso, pues precisamente se trata de explicarnos la noción de causa, y aseverarnos que el poder voluntario, que es su germen, está en nosotros como causa, es no decirnos nada.

Debemos hacer a Maine de Barin la justicia de declarar que su profundo análisis está exento de todos esos vicios, y que, después de descubrir en la conciencia el verdadero origen de la causalidad, solo busca en la experiencia, ayudada de la inducción la explicación de su valor objetivo.

Entrando nosotros ahora en el análisis detenido de esta forma de inducción confirmaremos, así lo espero, esta manera de pensar de un filósofo, tan distante de nuestras teorías, pero a quien su profundo talento trajo tantas veces hasta el umbral de ellas.

Cuando comprobamos la sucesión uniforme de dos o más fenómenos, de modo que se establece entre ellos un lazo indisoluble de dependencia, estamos en presencia de un fenómeno de causalidad. Al antecedente o antecedentes invariables llamados causa; al subsecuente o subsecuentes necesarios, efecto.

Precisemos el sentido de la ley de causalidad indicando, no ya lo que afirma, sino lo que niega.

Niega primeramente «la posibilidad de un principio totalmente espontáneo» (Bain): las creaciones ex nihilo. Es aquel principio fundamental de la doctrina de Demócrito: nada proviene de nada.

En segundo lugar, niega que los acontecimientos se deriven los unos de los otros sin regla y por puro capricho. También sentó este principio Demócrito: nada sucede fortuitamente; todo tiene su razón y su necesidad.

Este es el famoso principio de la razón suficiente que pareció una gran novedad en la pluma de Leibniz.

Pero no basta saber lo que afirma y lo que niega la noción de causa; como todas las nociones complejas, solo puede recibir plena luz del análisis.

Adviértase esta circunstancia importante: las mismas causas producen siempre los mismos efectos; pero un mismo efecto puede resultar de distintas causas. Así, por ejemplo, una pequeña cantidad de dinamita producirá siempre una grande explosión, pero toda explosión, no resulta siempre de la presencia de una cantidad de dinamita. El choque de dos cuerpos producirá siempre un aumento apreciable de temperatura; pero el calor no es únicamente producido por el choque. Este es un primero y grave motivo de confusión; y es lo que llama la pluralidad de las causas.

Sin embargo, debo apresurarme a decir que esta pluralidad cae también bajo la ley de uniformidad, de dos maneras: con lo cual se facilitan considerablemente las investigaciones.

Primero. El número de causas no es indefinido; uno de los dos objetos de la pesquisa científica es precisar y determinar rigurosamente las causas de un fenómeno dado. Entonces, cuando nos hallamos en presencia del fenómeno, se ha simplificado nuestra tarea, pues el efecto actual ha de ser el resultado de uno u otro de aquellos antecedentes.

Como aquí no consideramos los resultados de varios antecedentes obrando a manera de una causa, sino las causas independientes que pueden producir un mismo efecto, hay que advertir, en segundo lugar, que cada causa conserva su carácter definido, como si fuera una causa única. Aunque hay muchas materias explosivas, basta la dinamita para ocasionar una explosión.

Observa Bain que la multiplicidad de las causas es más bien la consecuencia accidental de la imperfección de nuestros conocimientos que el resultado necesario de la naturaleza de las causas, y qué, a medida que extendemos nuestros conocimientos, encontramos un menor número de causas. Tal ha sido el constante anhelo de la inteligencia humana; de aquí el gran número de sistemas filosóficos, cuya única tensión en todos los tiempos ha sido reducir la vasta trama de los fenómenos naturales a la simplicidad de unas cuantas iniciales. Puesto que en dos ocasiones hemos combatido esta noche opiniones de Augusto Comte, justo es declarar que uno de los grandes servicios que ha prestado su manera de filosofar, ha sido inspirar al espíritu investigador una saludable desconfianza hacia las síntesis precipitadas.

La causalidad puede ser considerada desde dos puntos de vista. El uno, práctico o popular, que escoge entre los antecedentes del fenómeno al que se ha hecho más visible, el que sobresale por una u otra circunstancia, y lo considera exclusivamente como la causa. Así se oscurece un punto primordial en la pesquisa de la causalidad: la composición de las causas.

El otro, científico, que tiene en cuenta todos los antecedentes, con el rigor posible. La acción conjunta o consecuente de las causas aparece entonces en toda su plenitud.

Los ejemplos del primer caso son todos de la vida cotidiana. Si a un buque se le abre una vía de agua y zozobra, decimos que la causa del naufragio ha sido la vía de agua. La causa de la Reforma se personaliza en Lutero.

Aristóteles fue el primero que trató, de analizar de un modo científico la causalidad. Este análisis tiene hoy todavía gran importancia en la historia filosófica. Cuatro son las especies de causas que enumera: la causa eficiente, la materia, la formal y la final. La primera indica el agente que produce un efecto; la segunda el elemento o la materia con que ha sido realizado; la tercera el plan o idea según el cual ha sido concebido; la cuarta el fin u objeto que se ha propuesto el agente al realizarlo. En la construcción de un edificio, el arquitecto es la causa eficiente; los materiales, piedra, hierro, madera, pizarra, cimentos, etc., la material; el objeto a que se destina la obra, la final. Hay aquí confusión manifiesta, bajo el término causa, de relaciones muy distintas, aunque enlazadas unas a otras; pero lo más importante es hacer notar que Aristóteles tomó como tipo para su análisis las obras de la industria humana.

Mientras nos ciñamos a éstas, nada hay que objetar, pero cuando se quiere trasladar esta enumeración a la naturaleza, nos valemos de una analogía tan frágil, que nada puede justificarla. ¿Qué nos autoriza para establecer que nuestro modo reflexivo de ejercer nuestras actividades es el tipo a que se ha ceñido la naturaleza? ¿No hay en el hombre otros modos de ejercerla? ¿No procede también sin plan determinado y sin una finalidad conscientemente delimitada? Pero aunque no los hubiera; la transferencia de la personalidad humana con todos sus atributos al mundo exterior, el antropoformismo en fin, es un procedimiento irreflexivo que no resiste al menor esfuerzo de la atención y que nada justifica en el mundo físico. Oíd la manera elocuente con que un profundo pensador alemán de nuestros días, Alberto Lange, se pronuncia contra la finalidad en las obras de la naturaleza.

Si un hombre, para matar una liebre —dice— disparase millones de tiros en una inmensa llanura y en todas direcciones; si para entrar en un cuarto cerrado, compara diez mil llaves diferentes y las probara todas; si para tener una casa edificara una ciudad y abandonara después al viento nadie diría que obraba según un plan, ni mucho menos conjeturaría que semejantes procedimientos ocultan una sabiduría superior, motivos secretos y una prudencia consumada. Ahora bien; todo el que en las ciencias actuales de la naturaleza, quiera adquirir el conocimiento de las leyes de la conservación y propagación de las especies —aún de las especies cuyo destino no comprendemos como los helmintos— encontrará por todas partes una enorme profusión de gérmenes vitales. Desde el polen de las plantas hasta el óvulo fecundado; desde el grano de simiente hasta la planta en germinación; desde ésta hasta la planta adulta que, a su vez, produce simientes, vemos siempre reaparecer el mecanismo que conserva la vida en los límites, con el concurso fortuito de condiciones favorables, y produciendo por millares seres condenados a una muerte inmediata. La muerte de los gérmenes de vida y el desgraciado éxito de lo que empieza, es la regla; el desenvolvimiento conforme a la naturaleza es un caso especial entre millares, es una excepción, y esta excepción constituye la naturaleza, cuya conservación es admirada por el teólogo miope como obra de la finalidad.

Oigamos también al sabio ilustre que ha intentado más que ninguno otro, para poner en nuestras manos la clave de ese encadenamiento de hechos, que sucede ante nuestros ojos, y que hasta aquí nos contentábamos con agrupar en clases sus semejanzas, dejando todo lo demás a la disposición maravillosa y trascendente del plan perfectísimo del autor de todo lo creado. Su obra es la condenación más palmaria de la teleología.

Vemos, dice Darwin, la raíz de la naturaleza, resplandeciente de serenidad vemos muchas veces, abundancia de mantenimientos; pero no vemos o lo olvidamos, que los pajarillos que tan descuidados cantan en torno nuestro, viven habitualmente de insectos o simientes, y destruyen así constantemente la vida; olvidamos hasta qué punto esos cantores, sus huevos o sus pichonzuelos son devorados por las aves de rapiña u otros animales; no pensamos en que los pastos que ahora sobran, faltarán periódicamente en la estaciones que han de vivir.

Y no atribuyáis, señores, a inmodestia, sino a la grave importancia del punto, que repita un argumento propio, que me parece exponer a su verdadera luz la cuestión tan debatida de la finalidad.

La historia de la filosofía, he dicho en otro lugar, da continuada muestra de un error psicológico, que ha venido a sintetizarse en esta doctrina de las causas finales. Los objetos, para llegar a sernos conocidos, han de entrar en relación con nuestro yo; es decir, han de afectársenos como distintos o semejantes, como coexistentes o sucesivos, en relación de causa a efecto, o de efecto a causa; y las ideas que producen, han de asociarse según esos mismos principios, viniendo a ser todo conocimiento una clasificación. De éstos tenemos plena conciencia, y mientras lo afirmemos en la esfera de la subjetividad, estamos en el terreno firme. Pero de que el hombre haya forzosamente de estudiar y comprender el mundo según la manera de funcionar de su intelecto —es decir, según lo que se llama las leyes de la inteligencia— no se desprende que el mundo esté construido según esas leyes.

Largo y tortuoso ha sido el camino que hemos recorrido para llegar hasta este punto de vista, que nos quita tantas sombras de delante de los ojos pero al fin, el error que Haeckel ha llamado antropocéntrico, como antes de geocéntrico, ha desaparecido de nuestro horizonte intelectual; y todo obstáculo removido nos deja más rápido y bañado en luz el campo por donde se espacian nuestras miradas. Esta es la ardua labor a que está condenada la humanidad, tan imperfectos concebimos sus medios de conocer; pero ¿qué importa? un resultado aparentemente negativo, es positivo en realidad. Ya el mundo no está entregado a las disputas con precaución, experimenta con tiento, y concluye con modesta seguridad la ciencia humana.

Mucho queda aún por decir en lo tocante al análisis de la noción causal. Proseguiremos en la próxima conferencia.

Lección octava

Señores:

En la conferencia anterior hubimos de suspender el análisis de la noción de causa, después de hablar del modo popular de considerarla y del ensayo de Aristóteles para analizarla científicamente.

Y así como vimos que el sentido popular solo se fijaba en el antecedente o antecedentes invariables más próximos o más visibles, debemos notar ahora que en el terreno científico la causa se considera, como el conjunto completo de las condiciones o circunstancias requeridas para la producción del efecto.

Hay en estos una pequeña excepción; aquellos antecedentes que obran de una manera permanente en todos los casos, y que se presentan por sí mismos a la consideración del observador, como la acción de la gravedad, por ejemplo.

Tomemos este ejemplo que trae Bain, y que es muy adecuado por su sencillez.

La causa de las inundaciones del Nilo puede ser referida a las condiciones siguientes: 1.ª La nieve que cae en las montañas de donde nace el río.

2.º Su deshielo en los grandes calores del estío. Pero la pesantez, las leyes de la transmisión del calor, la composición molecular del agua, son también elementos de la causa, solo que no se mencionan, por ser condiciones generales que van imbíbitas en la misma enunciación del fenómeno.

Necesario es distinguir con cuidado estas circunstancias, que pueden ser omitidas, de las que son totalmente necesarias, pues omitiendo alguna de estas últimas, se comete uno de los sofismos más peligrosos. En las ciencias muy complicadas, como son todas las que se rozan con la sociología, es muy común esta especie de falacias.

Científicamente la expresión más completa del principio de causalidad es, sin duda, la gran generalización moderna que llamamos ley de la conservación de la energía. Esta doctrina, llena de profundidad y exactitud, es uno de los títulos más sólidos de Bain a su renombre de filósofo.

Dada la complejidad de las condiciones causales, a que ya hemos aludido, el principio de la conservación es un guía seguro e irreemplazable.

Gracias a él podemos considerar toda causa bajo dos aspectos igualmente importantes:

1.º Como un poder motor de cierta energía; 2.º como un conjunto de circunstancias en medio de las cuales acciona.

Dado el motor y conocidas las circunstancias, la ley de la conservación nos anticipa cual ha de ser el resultado. La ley de conservación nos enseña que el movimiento que anima la materia puede cambiar, y cambia, en efecto, de forma, pero conserva la misma cantidad de fuerza en todos esos cambios.

Veamos ahora cómo explica Bain, autor de esta identificación la causalidad considerada como conservación de la energía:

Cuando un barco es impelido por el viento o el vapor, se dice que el movimiento de la embarcación tiene por causa esos agentes: estos agentes se consumen a si propios en la producción del movimiento. La fuerza expansiva del vapor se debe a la acción del calor que se ejerce por medio del agua. El calor se deriva a su vez de la combustión, o sea la combinación química del carbón y del oxígeno. El carbón está formado del carbono que contenían los vegetales de las edades primitivas, vegetales cuyo desarrollo ha reclamado cierto gasto de calor solar.

Del mismo modo, en el cuerpo humano la fuerza mecánica deriva de la actividad muscular: esta actividad proviene de la oxidación de las sustancias que contiene la sangre: estas sustancias son, o productos vegetales, o carne de animales, nutridos a su vez con vegetales, y, por consiguiente, volvemos de nuevo a la acción primitiva del Sol sobre el desarrollo de la vegetación.

La transmisión de la fuerza es, por consiguiente, la explicación fundamental de todos los cambios; es la única explicación posible en el sentido más elevado de esta palabra. Un hecho de causalidad que no pueda ser referido a esta ley suprema, merece tenerse en cuenta, pero no está explicado.

En estos ejemplos del ilustre filósofo, vemos a la causalidad obrando como transmisión de fuerza; pero hay en la ciencia otro punto de vista importantísimo, y sin el cual quedaría incompleta la explicación. Este punto de vista es el de las circunstancias que acompañan a la transmisión; lo que se ha llamado la colocación de los elementos en presencia para producir el fenómeno.

Cuando consideramos algunos de los diversos casos de transformación de la fuerza, vemos que, a la par de ese elemento permanente, que puede ser apreciado de un modo cuantitativo, existe una muy diversa complejidad de circunstancias, todas las cuales han de ser debidamente apreciadas, si queremos formarnos idea exacta de la causa en cada caso particular. No olvidemos nunca que en la naturaleza externa todo es complejo, que la simplicidad y la abstracción está en las leyes que nosotros extraemos de los fenómenos. El ir en pos de una causa única es una tendencia del espíritu, explicable por la ley del menor esfuerzo; pero contra la cual debe estar prevenido el experimentador y el observador. Un efecto dado tiene una causa inmediata —que es la más importante de conocer— y esta no se reduce a una energía que se transforma por ser, si no que cambia en vista de las circunstancias en que se encuentra colocada; la apreciación de éstas constituyen la más de veces el nudo insoluble de la dificultad.

¡Cosa digna de nota! Esta tendencia a buscar en toda la inmensa variedad de los fenómenos una sola causa, característica del espíritu metafísico, ha deslumbrado a no vulgares inteligencias avezadas a los métodos científicos. Véase el caso de Augusto Comte. En su empeño de establecer un orden serial en los conocimientos humanos, comenzando por aquellos que estudian los fenómenos sometidos a las leyes más generales e independientes, quiso encerrar determinadas ciencias en límites infranqueables, y proscribir de ellas todo progreso ulterior. Para Comte, la ley de la gravitación dominaba toda la astronomía; donde no se debía buscar otra cosa.

Claro está que mientras el astrónomo se reduzca a deducir del enunciado de esa ley los movimientos planetarios, le bastará la gravitación; pero cuando quiera elevarse a la explicación de otros fenómenos no menos importantes, como los que presentan los cometas, los aerolitos y el mismo Sol, esa ley será en sus manos un instrumento inútil. Todos los adelantos astronómicos realizados después de Comte y contra sus profecías, han venido a probar que en el mundo planetario operan las mismas fuerzas que en nuestro globo; y que las generalizaciones aplicables en éste a los fenómenos caloríficos, magnéticos, eléctricos, son aplicables en aquel.

No queda otro recurso que expulsar de la ciencia estos testigos infieles; y esto es lo que hacen los discípulos ortodoxos.

En esas manifestaciones de la fuerza, que acabo de citar, ¡cuántas y cuántas complicaciones sobrevienen para oscurecer su acción! Considérese en los fenómenos eléctricos el estado de polaridad de la materia; en la química orgánica la combinación molecular; en biología la función excretoria en psicología de la correspondencia entre una impresión y su respuesta en un movimiento; en sociología el tránsito de un estado social a otro. Ved, señores, qué importancia creciente adquieren las circunstancias; cómo pueden llegar a disfrazar el curso de las fuerzas en ejercicio, y concentrar en ellas toda la atención del observador.

A veces un resultado que nos parece desproporcionadísimo con el agente inmediato, se explica por la colocación. Una pajuela encendida, aplicada a unos granos de pólvora, puede hacer volar en piezas un inmenso edificio atestado de los productos de cien generaciones.

La misma equiparación de la ley de causalidad y del principio de conservación, viene a dar nuevo valor a la investigación de las circunstancias, pues conocida la causa remota, lo interesante es conocer las reglas y distribuciones que permiten a la fuerza, mediante sus transformaciones, producir el efecto conocido.

Así, dice Bain, no ha mucho que se consideraban como misteriosos los fenómenos volcánicos. Desde que se ha establecido la ley de conservación, toda la parte del misterio que se refería a la fuente del poder proyectar ha desaparecido. La fuente es el calor interno de la tierra que, en ciertos puntos, se convierte en fuerza mecánica.

Lo que aún queda siendo objeto de las pesquisas científicas es un puro caso de colocación; ignoramos todavía cuáles son los arreglos necesarios para determinar la transmisión de la fuerza de esta manera particular.

El mismo Bain estrecha aún más las conexiones entre los dos principios objetivos y subjetivos, haciendo notar que la colocación representa muchas veces los modos de la fuerza virtual. Sabido es que por este término, y mejor por el de energía de posición, se indica la que posee un cuerpo en reposo colocado en cierta posición; por ejemplo, una piedra de cierto peso, colocada en lo alto de una pared; un arco tendido, etc.

Para completar su identificación, añade luego que así como en la investigación de las causas, la importancia de la colocación es tanta, que puede considerarse como la causa inmediata, así también a veces el efecto es simplemente un nuevo arreglo, una nueva colocación. Así se ve en el transporte de los bloques erráticos, el arrastre de los sedimentos, etc.

Llegados a este punto, tiempo es ya que consideremos los medios de nuestro alcance para dar vigor y validez a nuestras inducciones causales.

Asentemos primeramente estos hechos, comprobados por la observación. La causa debe buscarse entre los antecedentes del efecto. Muchas veces la causa continúa coexistiendo conjuntamente con su efecto; y tanto, que se creyó en un tiempo que la existencia del efecto implicaba la presencia de la causa, como se ve por el aforismo escolástico cessante causa, cesat et effectus. Hoy es cosa vulgar el saber que una causa puede cesar y continuar sus efectos. Pero a veces concurren con los antecedentes circunstancias que no forman parte de la causa; y aquí entran ya las dificultades que hacen tan espinosa la investigación de la verdadera causalidad.

Tan unidas por las relaciones de sucesión aparecen causas y efectos, que para el mayor número, todo antecedente invariable es la causa de un hecho.

Conocido es el sofisma que Aristóteles llamó non causa pro causa, y que se tradujo también de este modo en el lenguaje escolástico: Post hoc, ergo propter hoc. Bacon resumió en tres reglas sencillas y fáciles de recordar, las condiciones que nos autorizan a ver en un antecedente una causa. Cuando una circunstancia produce un efecto por su presencia, lo suprime por su ausencia y lo modifica por sus cambios, se la debe considerar como la verdadera causa del efecto. Un caso de sucesión invariable sin causalidad, frecuentemente citado, es el del día y la noche. Hay motivos para creer que la edad primitiva de la humanidad, se vio en ella una verdadera relación de causalidad; pero es tan fácil referir el día a su verdadera causa, que el error no pudo tardar en ser rectificado. Con la presencia del Sol sobre el horizonte viene el día; con su ausencia cesa el día; toda modificación sufrida por el Sol, produce un cambio correspondiente y apreciable.

Los casos de sucesión invariables sin causalidad, son un nuevo motivo de complicación en la pesquisa de las causas.

Nos queda aún otro no menos grave: la composición de las causas. Las fuerzas concurrentes, para producir un efecto, se adicionan, ya aunando sus energías si actúan en una dirección; ya contrabalanceando sus efectos si actúan en dirección opuesta; ya buscando la resultante en cualquier otro caso. Esto es lo que los mecánicos llaman el principio de la composición de las fuerzas. En todos los casos en que, por la causa sea posible entender correctamente el poder inicial o la fuerza, es aplicable ese principio, y el efecto podrá deducirse de la apreciación cuantitativa de los antecedentes. Sea el ejemplo la trayectoria de un proyectil. La bala está solicitada por la fuerza que le imparte la moción, por la gravedad y por la resistencia del aire. La apreciación cuantitativa de estos antecedentes permite el cálculo anticipado y exacto de la trayectoria.

Pero cuando se trata de colocaciones, no podemos invocar una regla semejante, el procedimiento deductivo es de todo punto inútil. Así, en los casos de combinaciones químicas, de nada nos sirve conocer las propiedades de los cuerpos que entran en composición, pues las propiedades del compuesto serán del todo distintas. Aquí no hay adición ni sustracción posible.

Esta diferencia entre los casos en que el efecto conjunto de las causas es la suma de sus efectos separados, dice Stuart Mill, y los casos en que el segundo es completamente distinto de los primeros; entre las leyes que obran de concierto sin alteración y las leyes que cesan y dan lugar a otras, tan pronto como tienen que obrar conjuntamente, es una de las distinciones fundamentales en la naturaleza. El primer caso, el de la composición de las causas, es el general: el otro es siempre especial y excepcional.

Tantos motivos de duda y perplejidad exigen la más atinada observación y el auxilio de repetidas experiencias, para que en medio del cúmulo de antecedentes ociosos al efecto, o de fuerzas que obran en sentido contrario o procuran desviarlo del rumbo natural, podamos determinar la circunstancia precisa, el antecedente incondicionalmente invariable, como lo ha llamado Stuart Mill, que es la causa o reunión de causas del efecto producido. Este es el procedimiento que se ha llamado eliminación inductiva.

Su preliminar indispensable es una operación analítica por medio de la cual procuramos aislar todos los elementos en presencia, para fijarnos sucesivamente en sus propiedades y elegir las que hayan podido determinar el resultado. En un efecto debido al Sol, debemos considerar por separado la acción de los rayos caloríficos, luminosos y actínicos.

Si se trata de la acción posible de una cantidad determinada de agua, no debemos olvidar, a más de las propiedades del compuesto, las sales y elementos orgánicos que pueda contener en disolución.

Ya desde este umbral de la eliminación inductiva descubrimos cuan vasto panorama se presenta a nuestra vista; sabemos por qué todas las épocas en que se ha procurado arrancar a la naturaleza sus secretos, con más o menos clara conciencia del fin y de los medios, se han distinguido por su ardor analítico. Cada análisis bien ejecutado es un factor más para la investigación de las causas; su aplicación viene por sí misma, y no nos podemos detener en él. Es un paso adelante dado por el espíritu humano; pero que está convidando a proseguir. Así es que el análisis constituye un estado transitorio. No puede ser menos. Estamos en presencia de objetos y hechos concretos. Necesitamos conocer sus elementos para seguir y poder remontar el hilo de sus orígenes, o bajar por él; pero todo esto es subsidiario a la necesidad de conocer la realidad presente, el objeto o hecho que se estudia. Y tan aguijados vivimos por esta necesidad, que muchas veces aceptamos análisis provisionales, ficticios tal vez, pero que nos permiten en cierto modo explicar el fenómeno, o a lo menos, la parte más saliente de él. Se necesitan una disciplina especial del espíritu para verificar con calma y perspicacia los análisis, para detenerse en ellos, y a veces hay un triunfo moral en el sabio que no se atreve a franquear sus límites. Uno de los más brillantes ejemplos que nos presenta la historia de la ciencia es el de Carlos Darwin; este sabio, tan pródigo de análisis, y tan parco en conclusiones, tan abundante en la exposición de hechos y tan reservado en la construcción de doctrinas; tan calumniado, sin embargo, por la temeridad y falta de juicio de los que se apresuran a salvar, en alas de su fantasía, el tránsito del análisis a la síntesis, y dan como resultado lógico lo que es una mera construcción imaginativa.

Digamos de paso, que lo que el análisis —mental o experimental— hace para las obras de la naturaleza, la crítica lo verifica en las obras de arte; y que cuanto hemos dicho respecto al espíritu analítico, se aplica al espíritu crítico; uno y otro son formas de una misma función intelectual, a veces predominante en un individuo, como en una raza. La nuestra no se distingue por él, sea esto dicho sin ninguna intención despectiva, que ni existe en mí, ni tiene razón de ser. No está la excelencia en sobresalir en los análisis, ni exceder en las vistas de conjunto; lo que importa es que los primeros sean atinados y completos, y que las segundas sean el resultado natural y necesario de los anteriores; es decir, en que las dos operaciones se completen y den sus naturales frutos. Analizamos para sintetizar, y sintetizamos para conocer la realidad.

Pero no basta recomendar el análisis; hay que indicar los medios de aplicarlos con exactitud y confianza.

Después de haber separado en nuestro espíritu, dice Bain, los diversos antecedentes y consecuentes, tenemos que determinar cual de los antecedentes está unido a un consecuente dado. Como generalmente tenemos que habérnoslas con una pluralidad de antecedente o con una pluralidad de consecuentes, o con ambas cosas a la vez, necesitamos aislar los casos en que un antecedente particular se une a un consecuente particular también. Esto exige que observemos otros casos en que los grupos sean diferentes, y que notemos lo que sucede cuando faltan ciertos antecedentes o ciertos consecuentes; operación descrita por Bacon con el nombre de variación de las circunstancias.

Aquí es de un gran socorro el experimento, pues precisamente viene a suplir las diferencias de la observación, variando las circunstancias según las necesidades del análisis. Hay ciencias que parecen excluidas de este poderoso medio de verificación, por no estar en manos del observador introducir a voluntad las variedades; tales son: la fisiología humana, la psicología y la sociología. Pero en realidad, aquí la tarea es sencillamente más larga. No podrá tenerse la variación de las circunstancias cada y cuando se quiera; pero la observación constante hará dar con las anomalías naturales, que vengan a colmar ese vacío. De aquí la extremada importancia del estudio de las monstruosidades, y el grande auxilio que puede prestar y prestar la patología a la fisiología, de aquí que el psicólogo no pueda prescindir del estudio de la etnología étnica, y menos aún de las monstruosidades psíquicas como la criminalidad congénita, la prostitución espontánea, etc., y de las vesanias en todas sus manifestaciones; de aquí que el sociologista siga con el mayor interés las perturbaciones económicas, considere atentamente las sociedades secretas, y preste toda su consideración a las épocas de revolución y a la completa anarquía, estados anómalos todos del cuerpo social.

Sin embargo, no debemos engañarnos a este respecto, pues en presencia de los casos anómalos, las dificultades son de naturaleza a hacernos circunspectos. Enumerando las ventajas de la experimentación, se comprenderá perfectamente. En primer lugar, experimentando podemos multiplicar los hechos cuantas veces sea necesario; el caso anómalo puede presentarse una sola vez o a muy dilatados intervalos. En segundo lugar, la experimentación puede producir la especie de variación que nos sea necesario; el caso anormal tal vez la presentará solo parcialmente; tal vez solo una análoga, etc. En tercero, la experiencia nos da el fenómeno en condiciones y circunstancias que nos son conocidas; el hecho excepcional puede venir precedido y acompañado de circunstancias extraordinarias que lo oscurezcan y dificulten su apreciación. Consideramos solo la Revolución Francesa. Hoy poseemos el análisis o crítica de sus antecedentes, con respecto al país en que se realizó, hecho por más de un espíritu vigoroso; sin embargo, su inmediata influencia al exterior, produjo tan profunda conmoción en toda Europa, determinó tales cambios en torno suyo, y éstos reaccionaron tan poderosamente contra ella, que nos basta los elementos internos para apreciar ese grande acontecimiento en todo su desarrollo; y la verdadera crítica de la revolución exige la crítica de la situación entera de Europa, y por lo menos de la América del Norte.

Sin embargo, la experimentación tiene un límite infranqueable, en la pesquisa inductiva. Con ella, teniendo una causa, podemos bajar a todos sus efectos. El subir del efecto a la causa es una operación para la cual no basta la experiencia sola; aquí estamos ya en los límites del descubrimiento y fuera del dominio propio de la inducción. Expliquemos la frase: no basta la experiencia sola; no basta, porque no ha de proceder a tienta así como dada la causa ésta es la base para experimentar en determinada dirección, cuando nos dan el efecto, y por lo mismo que un efecto puede proceder de muy distintas causas, necesitamos buscar un punto de partida para no errar a la ventura; entonces —entre las causas posibles— escogemos conjeturalmente una, experimentamos en vista de ella, y el ajuste o no ajuste de los efectos producidos con el efecto que nos fue dado, nos dirá si aquella es o no la causa verdadera. Pero adviértase que esa elección de la causa hipotética, solo es posible mediante las representaciones que empíricamente hemos adquirido. Tenemos delante un hombre muerto violentamente; hemos de decidir entre las causas de muerte violenta; pero ya se ve que esta clase —los productores de muerte violenta— ha sido formada como todas las generalizaciones, por nuestro contacto con el mundo externo; así sabemos que un hombre puede ser asfixiado emponzoñado, muerto por contusión, por herida, etc. Aquí está la inducción diciéndonos que cualquiera de estas causas ha producido la muerte una o más veces, y debe producirlas en lo futuro. Insisto tanto en esto, porque aquí se ha creído encontrar un flaco a la teoría de la inducción, y desea que esta doctrina se delimite con toda claridad en nuestro espíritu, para cuando llegue el momento de la objeciones.

El principio de causalidad es, como todas las generalizaciones que llamamos leyes, un producto de la inducción. La concordancia permanente de fenómenos sucesivos y dependientes, es un hecho que se nos presenta sin interrupción desde los albores de la conciencia, adquirimos plena confianza en su repetición; es una ley de nuestro espíritu. Una vez constituida como tal; consumado ya, por decirlo así, el oficio de la inducción, comenzamos a aplicarla deductivamente; pues así como no analizamos, sino para sintetizar, no inducimos sino para deducir. Fuertes con el convencimiento de que la ley de causalidad sostiene siempre nuestras pesquisas, ella misma nos sirve de luz y guía para determinar la sucesión causal en los fenómenos donde aparece oscurecida y complicada. He aquí cómo los métodos de eliminación, aunque tienen una base inductiva, son, sin embargo, un procedimiento deductivo. Todos suponen establecido el principio de causación.

Tiempo es ya de que vengamos a estos métodos, y veamos cómo se verifica en ellos lo que dejo asentado. En las tres reglas de Bacon citadas en esta misma conferencia, está el germen de los tres principales.

Primero: Ningún antecedente de que pueda prescindir sin que desaparezca el efecto, es la causa, ni forma parte de la causa.

Dada la ley de causalidad, ésta es una consecuencia forzosa. Si suprimimos la causa debe, en términos generales, desaparecer el efecto; así como a la presencia de la causa sigue la presencia del efecto. A este corolario se refiere el procedimiento de la eliminación que Stuart Mill ha llamado por concordancia. Si después que hemos eliminado todos los antecedentes excepto uno, el consecuente persiste, aquel único antecedente es la causa.

Segundo: Un antecedente de que no se pueda prescindir sin que desaparezca el efecto, en la causa o forma parte de la causa.

También va implícita en la ley de causalidad esta aseveración; y de tal modo es conforme a la tendencia inductiva, que basta un solo caso, bien comprobado, para alejar toda duda de nuestro espíritu. De ella sacó [sic.] Stuart Mill el método de la diferencia, que Bain llama, con razón, decisivo.

Tercero: Si aumentando o disminuyendo un antecedente aumenta o disminuye el efecto según una concomitancia numérica, el primero debe ser mirado como la causa.

El principio de conservación de la fuerza, como observa Bain, viene a confirmar de todo en todo este corolario. En la misma proporción que aumenta la fuerza expansiva del vapor producido. Este es el método que es llamado de las variaciones concomitantes.

Hasta aquí los tres métodos, cuyo principales lineamientos trazamos Bacon, Newton y Hume.

Pero aún podemos ensayar otros dos procedimientos. Cuando tenemos conocido un número suficiente de causa en la producción de determinados consecuentes en un efecto, podemos eliminar unos y otros, y considerar lo que reste del efecto como producto de lo que reste de las causas. Este es el método de los residuos, indicado por Hume y más desenvuelto por Herschell.

Por último, si podemos buscar o producir casos en que la causa y el efecto estén ausentes a la vez de un modo constante, que es lo que se llama concordancia en la ausencia, para asociarlos a casos de concordancia positiva en que la misma causa y el mismo efecto estén presentes a la vez de un modo constante, tenemos el método que Stuart Mill ha designado por método doble de concordancia y diferencia.

Mientras los estudiamos con el detenimiento que merecen, en la lección próxima, aquí tenéis, sumariamente indicados, los cinco métodos que nos permiten la verificación más importante en las pesquisas científicas: la de la causación. En tanto que entre los antecedentes de un fenómeno no podamos con toda seguridad determinar cuál es, o cuáles son, los que indefectiblemente lo producirán en lo porvenir, no nos hemos elevado del conocimiento científico, que es un poder. Aquí aparece en toda su luz este profundo aforismo de la escuela positiva: saber es prever; y añadamos, por vía de escolio: el que ve más lejos, va mas lejos.

Lección novena

Señores:

... Todos se habían aplicado, con mayor o menor éxito, desde el punto en que el hombre trató de resolver el más sencillo problema que le planteaban sus necesidades; pero con la plena inconsciencia con que hace uso el infante de todas sus actividades. La esplendorosa reflexión del genio helénico que encontró constituida la matemática, aplicándose al método que veía funcionar casi perfecto a su vista, al método deductivo, estudió su mecanismo, y estableció sus leyes; pero dejó en la sombra toda esta otra parte capitalísima de nuestros medios de investigación. Necesario fue el poderoso vuelo que tomaron las ciencias de observación y experiencia, para que el estudio de sus procedimientos pudiera llegar a una vista de conjunto. Tres siglos de asidua labor han venido a resumirse en reglas claras, sencillas y modestas sobre todo, como viene a la plena conciencia de que tiene hoy el hombre de sus fuerzas y también de su flaqueza. Con ellas no cabe el funesto engaño que ha envuelto en tantas sombras a la especulación, y que ha extraviado por tan peligrosos rodeos a la actividad humana. Colocan al hombre en medio de la complicada máquina del universo solicitado por la sucesiva concurrencia de fenómenos móviles y tornadizos que en un punto se presentan y en un punto desaparecen; ofreciéndole aquí un efecto único que puede provenir de todo un haz de causas; allá una causa que parece irradiar en un haz de efectos; recibiendo hoy una respuesta, mañana otra a sus premiosas preguntas; y aunque le enseñan los medios de fijar toda esa movilidad, de anular por la repetición todas esas sucesiones, de reducir a concierto todo ese desorden, la necesidad y gravedad del trabajo largo y continuado, la tensión y vigilancia del espíritu que no puede sufrir desmayo ni deslumbramiento, le inspiran esa desconfianza saludable que es el estímulo necesario para mayores progresos.

Cuan otro lenguaje le hacía nacer en su corazón aquella otra filosofía, tan poseída de la ciega confianza de la primera juventud, que ofuscada por la luz que creía llevar en su interior, por la aparente sencillez de que revestía a los problemas una artificiosa abstracción, lo llamaba a encerrarse a solas con su conciencia, y a estudiar en aquel espejo brillantísimo la imagen —disminuida, pero fiel— ¡del universo mundo! ¿No era el hombre el microcosmos? ¿No llega sin ninguna intervención de los sentidos hasta la esencia de las cosas por la razón? ¿En las resplandecientes regiones de la filosofía, no es el pensamiento un diálogo del alma consigo misma? Palabras y sentencias son éstas del padre de la filosofía idealista, del fundador de esa dialéctica temeraria que había de estancar por tanto tiempo, la más fecundas fuerzas del espíritu humano.

Entregada el alma a estos coloquios vanos, nutriéndose de su propia sustancia, ¿qué mucho que supiera tan poco de lo que estaba fuera de ella y tanto le importaba saber? ¿Qué mucho que fuera depauperándose lentamente hasta caer en la más completa esterilidad?

De aquí esa reacción peligrosa, cuyo producto fue la filosofía sensualista, que empezó por desconocer las actividades verdaderas del sujeto, convirtiéndolos en una tabla rasa llamada a repetir solamente las impresiones exteriores. También está aquí la verdad, y aunque menos funesta a los progresos humanos, esta teoría peca por el exceso contrario, desconociendo todo una parte de la realidad, dejando en la sombra un mundo ilimitado el de los fenómenos subjetivos.

Desde nuestro primeros pasos hemos procurado ir siempre por la línea intermedia que separa estos campos peligrosos.

Nada puede el espíritu por si solo; necesita una sustancia, permítasenos lo escolástico del término, para ejercitar sus actividades: toda una vida de contemplación mental no nos dará el conocimiento de un solo hecho. Nada es el objeto por sí solo, porque nosotros no lo sentimos, no lo percibimos, no lo conocemos, ni lo apetecemos, sino en nuestro espíritu: no es concebible siquiera un objeto sin un espíritu con quien se relacione.

¿Dónde está, pues, la verdad? ¿la verdad que nos alumbre y nos guíe? En la constante aplicación del sujeto al objeto, y en la función necesaria del objeto con el sujeto; en el ajuste de las construcciones mentales con su modelo material; reconociendo sin limitaciones los derechos de uno y otro elemento; y colocando como verdad primera en la cúspide de toda filosofía, que el hombre es un ente de relaciones, que nada está fuera de la ley de relatividad, y que si la verdad más profunda y el principio más elemental no son, sino expresiones de las formas primordiales de la relación constante e ineludible del sujeto al objeto, el método legítimo es el que facilite este contacto, y dé más amplio empleo a las actividades todas del espíritu, relacionándolo con más varios aspectos del objeto.

Todos reconocemos estos caracteres en el procedimiento que acabamos de estudiar.

Lección décimo tercera

Señores:

Las metáforas constituyen el principal ornato del estilo desde el punto de vista artístico, y un gran peligro para el entendimiento desde el punto de vista científico. Como traen al sentido translaticio las mismas asociaciones de ideas de su sentido recto, suelen inducir a error a los espíritus poco atentos. Mucho de esto ha pasado con el término ley. Su sentido recto es el judicial y político; de aquí ha sido trasladado al campo de la investigaciones científicas; y sin embargo, para muchos ha continuado significando lo mismo y connotando lo mismo. La lógica no debe autorizar esta confusión.

Así como las nociones no son más que representaciones generalizadas, ideas generales, así las leyes no son más que relaciones generalizadas, generalizaciones de relación. Siempre que los fenómenos nos presentan relaciones constantes ya de cantidad, ya de coexistencia, ya de inherencia de atributos en un mismo sujeto, ya de contigüidad en el tiempo, ya de sucesión causal, poseemos una ley. La atracción de los cuerpos en razón directa de la masa e inversa del cuadrado de la distancia es una ley; es decir es una generalización de diversas relaciones cuantitativas que determinan la posición respectiva de los cuerpos y cuya uniformidad y constancia son tales que nos inspiran plena confianza en su estabilidad. Los cuerpos son inertes y pesados; esta generalización comprueba una relación de coexistencia que tenemos experimentada en toda la extensión de la naturaleza.

La alternada y constante presentación del día y la noche nos lleva a generalizar esta relación de contigüidad en el tiempo. El calor hace hervir el agua a los 1002 centígrados. Esta es una generalización de relación causal, en que determinamos además un límite proporcional para ulteriores comparaciones, es decir una relación cuantitativa. Toda uniformidad de relaciones puede, por tanto, considerarse como una ley; pero como el hombre se ve constreñido a ser un principio de modificaciones en su medio ambiente, las relaciones de transformación de la energía y de colocación que constituyen las leyes causales, y la determinación de las semejanzas o diferencias cuantitativas que le permiten proporcionar sus acciones a los efectos que se propone producir, adquieren para él señalada importancia; y de aquí que las relaciones de causación y las relaciones cuantitativas reciban más a menudo el nombre de leyes.

Para prever y suscitar un cambio, una modificación es necesario conocer los arreglos previos que determinen la manifestación de la fuerza solicitada o la distinta colocación requerida, y cuanto más definidos en peso o en extensión o en número estén esos arreglos, más a punto fijo sobrevendrá el cambio previsto o suscitado. Esta es la razón práctica: pero existe además una razón teórica, que tiene su fundamento, como es natural, en nuestra constitución psíquica. Nuestra vida mental empieza por una distinción y continua por una asimilación. Comenzamos por distinguirnos, por distinguir el yo del no-yo. Esta primera relación fundamental determina una noción, tal vez la más comprensiva de la actividad anímica: la del recíproco influjo de estos dos términos de toda realidad. De aquí brota la noción de causa, no ya solo en la influencia recíproca del sujeto y el objeto, sino en las dos series paralelas que se establecen desde el primer instante en cada dominio particular subjetivo y objetivo. Todo cambio, toda modificación reconoce por antecedentes otro cambio o, modificación, y tiene por consecuentes numerosas transformaciones. La investigación de las causas es, por tanto, una necesidad psicológica.

Pero al mismo tiempo que nos distinguimos, conocemos nuestra identidad subjetiva, y empezamos a percibir las semejanzas objetivas. Son dos operaciones simultáneas y que se completan. La semejanza más rudimentaria que podamos concebir, la de un choque nervioso de igual intensidad que otro, nos da ya una noción de cantidad, la repetición de choques que constituye el número, otra noción de cantidad, las comparaciones visuales de objetos extensos, otra noción de cantidad; la relación cuantitativa brota también del primer ejercicio, de la primera función de nuestra actividad interna. ¿Qué mucho por tanto que bajo toda relación de mera contigüidad en el espacio o el tiempo busquemos esas relaciones más fundamentales que nos dicen cómo ha tenido lugar esa disposición contigua y en qué proporciones se ha verificado ese arreglo? Una metodología disciplinada por los desengaños de la experiencia nos aconsejará que nos contentemos con los resultados de la observación y la experimentación cuando éstos no den más de sí que relaciones de coexistencia y sucesión; pero no desconocerá la tendencia del espíritu humano a llegar al descubrimiento de la causa y las proporciones; antes bien reconocerá que este es el fin de toda ciencia.

El curso de esta misma explicación nos ha ido poniendo de manifiesto cómo lejos de limitarnos a señalar las relaciones entre los fenómenos, ni a generalizarlas por sus semejanzas formando leyes, tendemos a subordinar unas relaciones a otras, unas leyes a otras. Esta es la última de las operaciones constructivas de una ciencia en particular y del conocimiento general.

Esto nos lleva a establecer una división fundamental entre las leyes últimas y las leyes secundarias. Las primeras son esas últimas generalizaciones a que puede elevarse del espíritu humano en la contemplación y estudio de los dos órdenes de la realidad, esa relaciones tan generales que las presentan entre sí todos los fenómenos; como la ley de relatividad en el dominio psicológico, y la conservación de la energía en el dominio cosmológico. Agotamos con ellas los últimos límites de las actividades de nuestro yo; más allá nada tenemos que distinguir, ni que asimilar.

Cuando en un fenómeno psíquico hemos llegado a la distinción suprema entre el objeto y el sujeto; cuando hemos logrado reducir un fenómeno físico a una transformación de movimiento, hemos de cesar forzosamente en nuestras pesquisas; no hay ninguna generalización superior que nos venga a facilitar la compresión de éstas.

Y adviértase que no decimos que sean éstas las únicas leyes últimas. Las hemos presentado solo como ejemplos.

Las leyes secundarias son todas las generalizaciones previas que sacamos de un número más o menos restringido de fenómenos, es éste o el otro dominio de la investigación. El primer producto de la inducción son las leyes secundarias. Esto declara suficientemente su importancia; pues nos dejan ver que se aplican a las realidades concretas, y son guías necesarias para la práctica, así en las relaciones cotidianas, como en las investigaciones científicas.

No hay, dice Bacon, y no puede haber, sino dos caminos para la investigación y descubrimiento de la verdad: el uno que, partiendo de la experiencia y de los hechos, vuela en seguida a los principios más generales, y en virtud de esos principios que toman una autoridad incontestable, juzga y establece las leyes secundarias (y éste es el que hoy se sigue); el otro que se saca las leyes de la experiencia y de los hechos, elevándose progresivamente y sin sacudidas hasta los principios más generales que alcanza en último lugar; éste es el verdadero, mas no se le ha puesto nunca en práctica.

El procedimiento más seguro es sin, duda, elevarnos de las leyes secundarias a las últimas; pero el inverso no es ilegítimo. Las leyes de Keplero son secundarias con respecto a la gran ley de Newton; y sin embargo, no han perdido su importancia hoy que podemos descender de ésta a aquellas.

De cualquier modo que sean obtenidas las leyes secundarias conservan un interés constante, porque son siempre de inmediata aplicación, ya en la práctica, como reglas técnicas.

Ninguna ciencia es completa, dice a su vez Bain, en tanto que no ha recogido todas las leyes secundarias que expresan las formas más habituales de los fenómenos reales, y en tanto que esas leyes no han alcanzado la precisión que la deducción y la inducción les pueden asegurar.

Hemos tenido ya ocasión de observar que las proposiciones, como las nociones, varían en sus caracteres de extensión y comprehensión. Si la extensión aumenta, la comprehensión disminuye y recíprocamente. Ahora bien, de estos dos atributos el más importante, desde el punto de vista práctico, es la comprehensión. Tenemos que habérnosla con clases poco extensas o con individuos, y lo que nos importa es conocer el conjunto de caracteres que les pertenecen. Un estadista inglés necesita conocer todo lo que es peculiar su atención a las enfermedades propias del hombre, y más particularmente a las que entran en su especialidad; y aún, si se eleva a ese grado de generalidad, es únicamente para ponerse en estado de tratar de los casos individuales.

De modo que la particularidad de una proposición, que podría parecer defecto desde el punto de vista de la especulación y la teoría es, por el contrario, un mérito, desde el punto de vista de las aplicaciones prácticas; siempre que la disminución de la extensión corresponda a un aumento en la comprehensión, es decir, en el sentido, en la connotación. La enumeración completa de las propiedades del hierro, tal como se le halla en un país, es necesario a la industria de esa comarca; el exponer las propiedades comunes a todos los metales no tendría en este caso otro valor que el contribuir a determinar el conocimiento especial y completo de esa sustancia particular.

Aristóteles ha observado muchas veces con insistencia que el rasgo que completa el conocimiento es el tacto con que se aplica a los casos particulares todas las proposiciones generales.

Las leyes secundarias reciben dos distintas denominaciones, que marcan una división de gran momento para el lógico: son empíricas o derivadas. Una ley secundaria obtenida directamente por la inducción es una ley empírica; son relaciones de cuya constancia y uniformidad hemos recogido prueba por medio de la observación y la experiencia, pero que está aún como aisladas en nuestra conciencia, no están unidas por ningún lazo de dependencia a esas relaciones más generales, que nuestra organización mental nos obliga a tener por las relaciones últimas, y como la suprema explicación de todas las inferiores. Cuando una ley empírica sale de su aislamiento, cuando descubrimos en ella un vínculo de dependencia con otra ley mas general, cuando se nos presenta como un caso de otro principio ya establecido, o como la resultante de una combinación de principios superiores, en ese caso toma el nombre de ley derivada. Uno de los grandes medios de hacer progresar las ciencias es el convertir las leyes empíricas en derivadas: por eso dice Stuart Mill que la ley empírica es una ley derivada, cuya derivación todavía no se ha establecido. Y añade:

«Exponer la explicación, el porqué de una ley empírica, sería exponer las leyes de que se deriva, la causa última de que depende. Porque, conocidas éstas, también conoceremos cuales son sus límites, y cuales las condiciones en que no se verificaría.»

Aclaremos esta distinción con ejemplos:

La quinina cura la fiebre; la digital es un sedativo de la acción del corazón; he aquí dos leyes meramente empíricas, cuya razón de ser no es totalmente desconocida. Hemos comprobado la verdad de la relación que establecen, mediante una larga experiencia, pero no hemos descubierto su conexión o dependencia de otras relaciones más generales.

La cima de las altas montañas está siempre cubierta de nieve; los eclipses ocurren de un modo periódico; estas leyes fueron empíricas durante siglos. Hoy, que podemos explicar la primera por medio de las leyes que tratan de la radiación del calor a través de la atmósfera, y la segunda mediante el conocimiento de las órbitas terrestres y lunar, la posición respectiva del Sol, la tierra y su satélite, etc., han pasado a ser leyes derivadas.

En este tránsito de la ley empírica a la ley derivada, consiste el verdadero progreso de la ciencia. El entendimiento humano desfallecería bajo el cúmulo inmenso de inducciones que la constante exploración del mundo da por resultado, si el mismo poder generalizador que funde los atributos comunes de tantos objetos y tantas clases distintas para formar la noción, no le ayudarán a descubrir, los lazos comunes que unen diversas leyes empíricas en una ley más general, que las comprende y explica. Una ley empírica puede considerarse siempre como un instrumento provisional; su empleo definitivo no comienza hasta que no se convierte en derivada. Siglos ha que señaló este proceso necesario Leonardo da Vinci: «hay que comenzar por la experiencia, decía, y por medio de ella descubrir su razón de ser».

Pero fijémonos bien, señores, porque en todo esto no hay, sino una plena confirmación de nuestras teorías psicológicas. No hay principios superiores que por su propia virtud expliquen los inferiores o menos generales, como quieren los racionalistas; no hay leyes de la razón pura y leyes de la naturaleza, dotadas de una claridad intuitiva y necesarias de toda necesidad las primeras, oscuras y contingentes las segundas.

Esta es una división especiosa. Lo que hay es relaciones primordiales entre el sujeto y el objeto, que constituyen el fondo de toda actividad mental, y en que vienen a resolverse todas las otras relaciones derivadas y complejas. Cuando nuestros análisis nos ha llevado hasta comprobar en el fondo de una intrincada red de relaciones una o más de esas relaciones últimas, tenemos que darnos y nos damos por satisfechos, porque más allá no hay nada para nosotros.

Se nos presenta un fenómeno físico. Cuando nuestras experiencias nos autorizan a aseverar que es el producto de una transformación de las fuerzas correlativas, calor, luz, electricidad, afinidad química; es decir, que allí no hay más que materia con diversas formas de movimiento creemos explicado el fenómeno, y con razón, porque hemos llegado a ver en él una síntesis de relaciones últimas, materia, es decir, inercia, resistencia; movimiento, es decir, cambio de lugar en el espacio, velocidad; y todo esto, resistencia, espacio, tiempo, ¿qué son sino las relaciones más generales, las que están en el fondo de toda conjunción de un sujeto con un objeto?

Luego estos son datos primitivos de la razón, del espíritu, dirán los contrarios. Sí y no, según lo que se entienda por razón. Si por razón entendéis una entidad, una actividad independiente, absoluta, en que existen estas leyes como virtualidades latentes, o decía un nada. Porque ¿qué significa una entidad absoluta —es decir, fuera de toda relación— que contiene virtualmente las relaciones fundamentales, las que explican todas las otras? ¡Un ente absoluto en acto que es relativo en potencia! Bello galimatías para una tesis escolástica. Si entendéis por razón, al leer las explicaciones de ciertos filósofos que se tienen por racionalistas, está uno tentado a creerlo así; si entendéis por razón la experiencia formulada en leyes fijas, estamos conformes, porque esas leyes últimas, esas leyes de la razón, son, en efecto, los productos últimos y constantes de la experiencia.

Y aquí podréis comprender en qué sentido aceptamos para estas leyes el dictado de universales y necesarias que les dan críticos y racionalistas. Son universales y son necesarias, porque indican las relaciones que se han establecido, se establecen y se establecerán entre un sujeto y un objeto cualquiera. Son la expresión del hecho mismo, que se supone por necesidad en el fondo de toda investigación, y yo y un no yo; constituyen por tanto el resultado final de toda explicación.

Y ved aquí, señores, cómo se aclara para nosotros esa tendencia a la armonía y a la unidad que distinguen todos los sistemas cósmicos; tendencia que es uno de los estímulos más vivaces de nuestro espíritu, uno de los fines más elevados que puede proponerse la conciencia, y uno de los peligros mayores de toda sana filosofía. Armonizar es reducir a orden y medida en nuestra conciencia la confusión y heterogeneidad de los fenómenos que se le presentan; unificar es extremar las semejanzas que unen mentalmente los fenómenos, hasta enlazarlos todos por la relación causal, de modo que nuestro espíritu pueda recorrer toda la serie de las evoluciones de lo objetivo, comprender y justificar cada tránsito. ¿Quién duda, señores, que armonizados de esta suerte los elementos del conocimiento, y puesto el espíritu en posesión de la clave de su existencia, comprendida ésta en sus orígenes, evolución y terminación, el universo mundo, el cosmos se reflejaría totalmente en nuestra conciencia y lo poseeríamos por completo? El hombre no sería entonces el servidor e intérprete de la naturaleza, sino su dueño y señor absoluto. Pero bien veis que es mucho más fácil trazar los lineamientos de este cuadro, los límites de este programa, que realizar su contenido.

Es legítimo el impulso que nos mueve a armonizar nuestras concepciones el buscar la unidad es exigencia de nuestra constitución mental; pero si no queremos extraviarnos miserablemente, es de todo punto necesario que nos demos cuenta de los límites que en esta pesquisa nos imponen, primero, el estado actual de la ciencia, y después y fatalmente nuestra misma naturaleza.

Permitido nos es, en cualquier fenómeno objetivo, llegar por medio de la materia, distribuciones y redistribuciones de la fuerza. Es decir, la fórmula del materialismo contemporáneo, fuerza y materia. Síntesis brillante, simplificación feliz... si nos contentamos buenamente con una fórmula verbal. Cuando interrogamos con sinceridad la naturaleza nos encontramos con que esa fórmula nos dice mucho, pero no nos lo dice todo. Hay propiedades generales de la materia en movimiento que nos explican interesantes fenómenos; esta es la parte más sólida de nuestros conocimientos físicos, precisamente por su misma sencillez; pero considerando solo el término materia, descubrimos pronto que puede aplicarse a más de sesenta cuerpos simples o elementos, dotados, de propiedades irreductibles. Aquí como todos los sabéis, se ha manifestado más de una vez esa tendencia del espíritu humano a la unidad, y la historia de la química registra más de una tentativa de reducción de los cuerpos simples a uno solo, de que habrían de derivarse los restantes; pero lo que nos exige una sana lógica es conformarnos con límites actuales de la ciencia, sin aceptar ni proscribir temerariamente una teoría de ese género. Ahora bien, señores, la composición molecular de un cuerpo es un factor importantísimo de su conocimiento; y esta composición es todavía en el mayor número de los casos un dato empírico. Un dominio inmenso de la ciencia, el que trata nada menos que de los seres organizados, exige como base y fundamento ese factor —todos conocéis la teoría celular o plastidular— y desde ese momento no basta la sencilla fórmula fuerza y materia, para explicar deductivamente —y esto, y nada más que esto, es explicable— las complejas e interesantes manifestaciones de lo que se llama vida.

¿Pues qué si pasamos a considerar la fuerza? Grandiosa es la generalización moderna a que más de una vez me he referido, que ha patentizado la correlación, la equivalencia de las fuerzas físicas. Tal vez el triunfo más brillante del ingenio humano. Pero, cuando empleamos el término fuerza ¿no referimos solo a esas fuerzas correlativas? ¿Todas las manifestaciones de la fuerza están comprendidas en esa gran ley?

No, señores; hay por lo menos dos manifestaciones de la energía, que no son reductibles a ese grupo, que son contrarias a las fuerzas correlativas. La gravitación y la cohesión. Estas dos últimas, a pesar de tener de común el poder atractivo, no pueden absolutamente confundirse en una, como lo pretendió el eminente Laplace. Sin detenernos en la demostración matemática y concluyente del profesor Belli, fundada en la relación cuantitativa que supone la gravitación, expondré las objeciones de Bain, que pueden servir de modelo, desde el punto de vista de la lógica, para evitar cualquier generalización prematura.

Solo la investigación real, dice, puede enseñarnos hasta que punto son reductibles los fenómenos a una sola ley o a un corto número de leyes, y si la inducción debe, en último análisis, conducirnos a un solo principio, a dos o a veinte primeros principios.

Así es que solo los hechos pueden enseñarnos, si podemos hacer entrar la pesantez en una ley más general. ¿Hay otras fuerzas, en este momento, distintas de la pesantez, y que podamos tener la esperanza de hacer fraternizar con ella, a fin de asociarlas en una unidad más alta? La pensantez es una fuerza atractiva, hay otra gran fuerza atractiva la cohesión, es decir, la fuerza que tiene reunidos, que encadena los átomos de los cuerpos sólidos. ¿Podemos confundir estas dos fuerzas y expresarlas en una ley más compresiva? Ciertamente que lo podríamos, pero ¿de qué nos serviría? Las dos fuerzas no se acuerdan, sino en un punto: la atracción. ¡En todo lo demás difieren! Y ni siquiera son atractivas del mismo modo; de suerte que nos vemos obligados a establecer leyes completamente distintas para cada una de ellas. La pensantez es común a toda sustancia material: es igual en cantidad en masas iguales de materia cualesquiera que sean; obedece a la ley que quiere que se difunda en el espacio (en razón inversa del cuadrado de la distancia) se extiende a distancias infinitas; es indestructibles e invariables.

La cohesión, por el contrario, tiene caracteres especiales según la naturaleza de los cuerpos; decrece a distancia, pero no en razón inversa del cuadro de la distancia; decrece mucho más pronto, y se desvanece enteramente aun a distancias pequeñas. Fuerza semejantes no tienen suficiente parentesco para que podamos generalizarlas y confundirlas en una sola fuerza. La generalización sería ilusoria; una vez determinadas las diferencias, nos obligarían a establecer de nuevo la distinción de las fuerzas. Además el estudio de una de ellas no simplifica en nada los fenómenos de la otra.

Si penetramos en el mundo subjetivo, en nuestra conciencia, los más exquisitos análisis nos presentan tres series, por lo menos, de fenómenos irreductibles, sometidos a leyes totalmente diversas. Los estados de conciencia que se refieren a la sensibilidad, a la inteligencia y a la voluntad poseen caracteres tan peculiares y relaciones tan distintas que en vano sería intentar una generalización que los comprendiera.

Algunos de los primeros filósofos asociacionistas quisieron, sin embargo, extender el principio de la asociación de ideas a los estados emocionales; sin que los resultados correspondiesen a esta unificación prematura. Más lejos aún fue Schopenhauer, pretendiendo subordinar la esfera intelectual a la voluntad. Sin entrar en la exposición de su sistema, que es metafísico y no psicológico, limitándose a lo que al sujeto se refiere, es fácil probar que esa subordinación es de todo punto ficticia y caprichosa, en el orden científico. Para la psicología actual la inteligencia y la voluntad son dos provincias completamente autónomas, entre las cuales hay relaciones constantes, influencia recíproca, pero no subordinación necesaria. Cada una de estas actividades tiene una función especial, que puede llamarse su raíz, y que las separa en absoluto. Lo fundamental en la inteligencia es distinguirse, lo fundamental en la voluntad es conservarse; en sus formas concientes, estas dos actividades de nuestro yo son simultáneas; pero aunque se acepte la prioridad de la volición, en la forma inconsciente (esta es la tesis de Schopenhauer), no es menos cierta la diferencia fundamental. El apetito de la conservación no explica la facultad de distinguirse.

Aquí, señores, estriba la fuerza de mi argumentación. Unificar podemos siempre, porque es fácil encontrar puntos semejantes; pero la lógica requiere que esa unificación sea explicación; cuando referimos un conjunto de fenómenos a otro de carácter más general, ha de ser para que las leyes ya conocidas de este último, nos expliquen las del primero; sino hemos perdido el tiempo y embarazado nuestra inteligencia. Por eso, al intentar una generalización, hemos de tener en cuenta, como ya hemos dicho, el estado actual de la ciencia; esto es, las nociones bien depuradas y las relaciones ya verificadas que posee, sin dejarnos alucinar por simplificaciones meramente verbales; y hemos de tener en cuenta los límites en que está encerrado nuestro conocimiento por nuestra misma naturaleza, y que son esas relaciones últimas establecidas de un modo permanente entre el sujeto y el objeto. Por lejos que vamos en la unificación de los fenómenos, aunque pasemos por encima de las fronteras que hemos descubierto entre ellos, nos encontramos y nos encontraremos fatalmente detenidos ante ese dualismo irreductible. Hoy por hoy, y quizás mañana y quizás siempre, toda tentativa de unificación en este dominio, sería una quimera; porque para llegar al monismo habría que suprimir la conciencia; y puesto que solo en la conciencia conocemos no se me alcanza cómo habríamos de conocer esa unificación. Esto quiere decir, dada nuestra constitución mental, el monismo podrá ser una aspiración, jamás una afirmación científica, ni filosófica.

Ignoramus et ignorabinus; este no es el grito de la soberbia que oculta su impotencia, sino la confesión sincera de nuestra propia limitación.

¿Y acaso se restringe por esto el campo de nuestra actividad? El estudio e interpretación de la naturaleza no es menos una inmensa y fructuosa tarea, porque reconozcamos nuestra flaqueza, y nos demos cuenta de los medios de que podemos disponer y el éxito que racionalmente debemos alcanzar. Todo lo contrario, limitado y circunscrito el esfuerzo, sus resultados serán más seguros y aún más poderosos. ¡Qué más brillante confirmación de esta verdad que la ciencia contemporánea!

No debemos temer de ningún modo que nos falte espacio para ejercitar nuestras actividades; ninguna facultad de nuestro espíritu huelga; y esa misma irresistible tendencia a la asimilación, cuando es vigilada y conducida, tiene su lugar y momento, su aplicación y utilidad. A veces no nos elevamos hasta una generalización positiva; y nos contentamos con aproximaciones probables, que no constituyen la ciencia ni exigen la creencia, pero la preparan. La analogía entre los hechos dista mucho de la verdadera semejanza;

pero descubre puntos comunes, y como tal no carece en absoluto de valor. Las más de las veces es la analogía la chispa de la que mueve la imaginación, la facultad constructiva, para establecer una conjetura, que, isometida a los procedimientos de verificación, resulta luego una ley positiva. Aquí nos encontramos con la hipótesis, operación demasiado importante, pera tratada en breves líneas; y a que consagremos nuestra atención en la próxima conferencia. En cuanto a esas operaciones dependientes de la facultad de asimilar que acabo de enumerar rápidamente, tienen su puesto marcado en la investigación; son meros auxiliares que no nos sacan de la región de la probabilidad, su papel es completamente provisional.

Cuando razonamos por aproximación a analogía, lo que importa es que no nos engañemos a nosotros mismos; y para esto, el medio seguro es acudir a los procedimientos inductivos que ya conocemos; estos son los que nos dirán hasta qué punto concuerdan los hechos análogos; hasta dónde llega su semejanza; qué relaciones podemos establecer entre ellos.

Con estas precauciones y sometidos a esta disciplina, bien podemos adelantarnos seguros y estudiar sin deslumbramientos las maravillas que nos rodean. Siempre y en cualquier momento podremos detenernos, hacer el balance escrupuloso de nuestras adquisiciones, registrar los espacios inconmensurables, ajustar a nuestras medidas la inmensidad de la tierra, encerrar en nuestros cuadros la infinidad de las especies, poner orden y concierto en el girar incesante de nuestras emociones, nuestras ideas y nuestros deseos, armonizar los incontables grupos humanos y legislar en los dominios ilimitados de la industria y el arte; diciendo a cada paso, sin humildad, ni arrogancia, esto conjeturo, esto entreveo, esto sé. Y al encontrarse el hombre tan dueño de si propio, tan señor de sus actividades, se sentirá poseído de un sereno regocijo, porque se sentirá colmado de esa fuerza irresistible a que todo cede, en el orden moral como en el físico, y que se llama: verdad.

Lección décimo cuarta

Señores:

Tócanos hoy recoger el fruto de este viaje de explotación a través de la ciencia primera. Muy rápido ha sido; provincias enteras hay en ella que solo hemos podido atravesar sin detenernos; pero creo, tal ha sido al menos mi firme propósito, que hemos recogido todos los datos necesarios y poseemos las leyes suficientes para construir por nosotros mismos ese método que buscábamos y que nos ha de permitir aplicar fructuosamente nuestra actividad mental a las graves y arduas disquisiciones que son materia de estudio constante para el hombre.

Hay una verdad fundamental que podemos considerar definitivamente adquirida; todo conocimiento supone la relación de dos términos, sujeto y objeto. El acto del conocimiento depende de esta síntesis irreductible se desprende de esta conjunción, no puede ser anterior a ella. Es cuanto podemos saber de este fenómeno fundamental, que ha agotado la penetración y el constante esfuerzo de los mayores filósofos: pero es lo bastante para que podamos erigir sólidamente sobre esa base el método.

Nos es lícito descartar los graves problemas que se refieren a la percepción del mundo exterior y a las que Kant llamó categorías del entendimiento —para proponerlos cuando nos auxilie la luz de la psicología— y partir de un hecho que marca el último límite de la región de lo fenomenal. Aislado el objeto del sujeto: ¿qué os queda? No el color, no el sonido, ni ninguna de las cualidades que se llaman secundarias; tampoco la resistencia, la inercia; menos las cualidades primarias, figura, forma, posición, extensión. En vano buscaréis ese substratum que se ha llamado materia; ha desaparecido Separad, por el esfuerzo de abstracción más poderoso de que seáis capaces, separad el sujeto del objeto: ¿qué resta? No una sensación; porque la sensación implica el objeto; no una percepción, porque la percepción implica la sensación; no una noción porque la noción se abstrae de la percepciones; no un juicio, porque el juicio enlaza nociones; no una emoción, porque la emoción implica, por lo menos, la objetivación de nuestro organismo; no una volición, porque la volición, demanda motivos, el motivo nos pone de nuevo en comunicación con lo exterior. Y si no nos resta ningún estado de conciencia, ¿nos restarán las relaciones? Esto es absurdo. Aun las relaciones de tiempo y causalidad, que parecen tan eminentemente subjetivas, se desvanecen si aisláis el sujeto, porque la sucesión implica estados mentales que se sucedan; y no hay estado mental que no implique lo objetivo. En vano buscaremos ese substratum que se ha llamado espíritu; ha desaparecido.

No podemos por tanto, como han querido los cartesianos, ir a buscar la clave del método en las intimidades de nuestro yo, y suponerlo contenido en él por una virtualidad misteriosa. Ninguna de las actividades que reconoce el análisis en nuestro espíritu existe con independencia del objeto. El famoso aforismo en que se ha querido cimentar esa independencia, entraña la relación que se pretende eliminar. Pienso, luego existo, no es otra cosa que decir, siento que pienso. Aquí tenéis de nuevo los dos términos.

El método supone la fecundación del espíritu por la materia, y la compenetración de la materia por el espíritu. El mundo exterior se nos presenta con su inagotable variedad, y el espíritu aplica sus actividades a comprenderlo, que es tanto como explicarlo. Si deja al acaso el resultado, si procede a tientas en sus pesquisas, su conocimiento ha de ser parcial y fragmentario, su explicación artificial y caprichosa y cuando llegue el momento de aplicar las nociones, adquiridas, para modificar lo externo, cuando llegue a la piedra de toque de la práctica la falta de correspondencia entre la idea y el objeto lo conducirá a un inevitable fracaso. Pero si, dándose cabal cuenta de sus facultades, el espíritu recorre ordenadamente los momentos de su evolución, y procede a una reconstrucción ideal de lo objetivo que corresponda verdaderamente a su disposición externa, cuando llegue el caso de reaccionar sobre el medio circunstante, la ajustación será perfecta, y el resultado totalmente satisfactorio. Aquí tenéis completo el ciclo que recorre el espíritu al estudiar lo objetivo. Toma de él los materiales y los percibe, los somete a la elaboración determinada por su misma constitución, y los conoce; interviene en su colocación, provoca el desarrollo de sus fuerzas, actúa sobre ella. Si a su acción responde el efecto ideado y previsto, descansa satisfecho: posee una verdad.

Son tres operaciones correlativas e indispensables. No faltan en ningún ejercicio ordenado de nuestro espíritu; por medio de ellas se constituyen las ciencias; y solo ellas pueden organizar y producir en su sentido más alto, el conocimiento. Siendo la segunda la más mental y desde luego la más consciente parece, a ocasiones, la única; pero ante un análisis minucioso reaparecen las tres operaciones.

Es la primera la de acopio, colección y selección; es el período que podemos llamar de observación.

Es la segunda aquella en que se eliminan las diferencias para llegar a la semejanzas, en que se depuran las nociones y se descubren las leyes es el período de generalización, de construcción.

La tercera es aquella en que las leyes obtenidas se aplican a la explicación o producción de los fenómenos; es el período de verificación.

En una palabra el espíritu empieza en la naturaleza, y vuelve a la naturaleza.

Estudiemos ahora más detenidamente estas tres operaciones.

En la primera el sujeto entra en comunicación inmediata o mediata con el objeto que lo ocupa. La comunicación inmediata se verifica por medio de la intuición del mundo externo, o de la introspección cuando objetivamos nuestros estados de conciencia. La comunicación mediata tiene lugar cuando nos representamos o rememoramos el objeto con que hemos estado en comunicación inmediata, o cuando nos representamos un objeto mediante la comunicación de otros seres que han estado en comunicación inmediata con él. Los sentidos, la conciencia, la memoria y la autoridad, son los testimonios a que fiamos esta primera y delicada operación. Bien conducida, es la base sólida, inquebrantable a veces, sobre la cual elevamos el edificio de nuestro conocimiento en un dominio dado de la investigación; si procedemos en ella con precipitación y ligereza construiremos ciertamente sobre arena, y tal vez nunca logremos rectificar las nociones falsas y las leyes ficticias a que nos conduzca. Por eso es forzoso conocer el modo de funcionar y el radio de operación de cada sentido, el auxilio que se prestan mutuamente, y cómo rectifican o pueden rectificar los unos los errores de los otros, las anomalías que pueden presentar, las ilusiones y alucinaciones a que los puede arrastrar un estado pasional o un estado mórbido. La observación introspectiva no exige menos precauciones; su misma aparente lucidez puede deslumbrarnos, y las ilusiones más peligrosas son precisamente las puramente psíquicas; aquí el equilibrio de las actividades anímicas es un requisito indispensable, y el cotejo con los fenómenos objetivos paralelos, y la comparación con lo revelado por los otros seres sensibles, una piedra de toque de alto precio.

A medida que nos alejamos de la observación inmediata debemos redoblar nuestra vigilancia. Los datos de la memoria son preciosos, pero debemos aquilatarlos cuidadosamente. La experiencia nos ha enseñado que la proximidad, y la viveza de la impresión son las mejores garantías en su abono; pero a veces la intervención de un elemento afectivo en la impresión viva nos debe inspirar una saludable desconfianza; esto quiere decir que la memoria está condenada a una ley de decrecimiento, por la cual nuestras sensaciones y percepciones remotas tienden, en el mayor número de casos, a desfigurarse y desvanecerse. Las leyes de la asociación nos permiten educar y dirigir esta actividad, poniéndonos en aptitud de reproducir las circunstancias en que recibimos la impresión, y haciéndolo así adquirir en lo posible algo del primitivo relieve. La autoridad, cuyo testimonio es tan frecuente y su dominio tan vasto, bien sea por la comunicación oral, bien por la comunicación escrita, exige que podamos comprobar en el testimonio todas las particularidades que dan validez al testimonio personal inmediato o mediato; es decir que ha hecho un recto uso de sus sentidos, de su conciencia o de su memoria, sin desviaciones provocadas por la enfermedad o la pasión; debiendo tener especialmente en cuenta —en este caso, aunque también en el caso del testimonio propio— que el hombre pierde mucho de su individualidad, así física como psíquica, cuando se reúne en otros hombres. La influencia de la colectividad es un factor importantísimo, y por desgracia muy descuidado. Un hombre en medio de una asamblea no percibe muchas veces que sus pensamientos tuercen el rumbo acostumbrado, se ponen al unísono con los de aquellos que lo rodean, y lo impelen a ejecutar actos de que personalmente es incapaz. Toda una multitud puede perder la conciencia individual, y participar de las más extrañas ilusiones y alucinaciones.

Tantas causas de error nos llevan a formular esta regla general para evitarlos; circunscribir el campo de la observaciones y repetirlas, es decir, especializar nuestras observaciones. El principio natural de la división del trabajo es aquí, como en todas partes, un auxiliar potentísimo. Familiarizándonos con los objetos que observamos, colocándolos y colocándonos en diversas situaciones, provocando cambios en ellos, y estableciendo comparaciones, podemos estar seguro de ir eliminando las causas posibles de error, y llegar a una apreciación exacta. Notaréis que algunas de estas operaciones suponen la intervención de la experimentación. Así, es, en efecto, pues cuantas veces el hombre se constituye en agente activo frente a la naturaleza, tiene que echar mano de la experiencia; y los procedimientos que ya hemos descrito, no están confinados a un campo solo de la investigación; en todas sus etapas pueden venir en su auxilio. Además, bien sabéis que todas las operaciones mentales se compenetran; y que el análisis es el que las separa. La observación, por tanto, para ser fructuosa, requiere la especialidad; de aquí que el testimonio verdaderamente fidedigno sea el de los peritos, el de los especialistas. ¡Cuántos graves errores, cuántas discusiones inútiles, cuántas querellas riesgosas se evitarían los hombres con solo que se populariza esta verdad, producto de la más sana psicología! El cosmos ante las limitadas facultades del sujeto es verdaderamente inmenso; pocos son los espíritus que pueden elevarse a una ordenada representación de su totalidad; y aún éstos necesitan cimentar la mayor parte de sus representaciones en el testimonio pericial.

Recogidos y estudiados los hechos, ha llegado el momento de clasificarlos, de referirlos a leyes. Este es el período constructivo, el largo período en que necesita el espíritu generalizador de todos los auxilios de la disciplina experimental para cumplir su importante tarea. Notar las semejanzas que es tanto como eliminar las diferencias, enumerar los atributos, consolidar las nociones, cotejarlas, combinarlas, separarlas, para descubrir los lazos que la unen; examinar cuidadosamente las relaciones descubiertas, para precisar cuando es una generalización universal que descansa en la raíz misma de nuestras funciones mentales; cuando una generalización aproximativa, que se completa por la enumeración de las excepciones; cuando una ley provisional que fecunda la observación y la experimentación, una ley empírica; cuando una ley derivada cuya razón de ser queda manifiesta; cuando una ley última que deja satisfecho y reposado el espíritu, que le comunica un vigor y una actividad incomparables, que sirve de punto de apoyo a innumerables aplicaciones deductivas. Ya lo veis, aquí la inducción acude con todos sus auxilios, y viene la deducción, armada de su rigor y claridad; y tienen lugar todas las reglas minuciosas que la lógica formal y la lógica empírica han expuesto cuidadosamente. Aquí interviene además una función delicadísima del sujeto, que auxilia a veces, a veces completa, y algunas sustituye del todo el trabajo inductivo: la hipótesis.

De sobra sabéis que la inducción no hace más que entregarnos una afirmación de carácter general y anticipativo fundada en la semejanza; afirmación que nos sirve de punto de partida para aplicar enseguida la deducción. Pero sucede a veces que el trabajo de la inducción es lento, a veces que no ha llegado a su madurez, a veces que tropieza con dificultades invencibles prácticas o teóricas; en esos casos puede el espíritu conjeturar, suponer la generalización a que no ha llegado por vía inductiva; y observar si sus aplicaciones deductivas se conforman con los hechos. El espíritu necesita deducir; o deduce partiendo de una inducción precipitada o de una mera conjetura. La lógica no puede excluir este proceso que es natural; debe solo estudiarlo para señalar sus peligros y los medios de eludirlos.

La hipótesis, en la forma de simple suposición, tiene un lugar muy marcado en la vida cotidiana, en la forma de una inducción anticipada, tiene un lugar importante en la ciencia, y en el método para descubrir. Lo que importa es no caer en exageraciones de un modo u otro. Espíritus eminentes han querido excluir la hipótesis del dominio científico: quimera arriesgada; cuando tenemos que dar un salto peligroso, no nos libra de tener que darlo el cerrar los ojos. Hoy, pensadores circunspectos dan en el extremo contrario, y pretenden que la hipótesis preside por lo menos, todas las investigaciones que tiene por fin descubrir antecedentes o leyes. Ya he citado a Stanley Jevons. Un docto profesor francés, E. Naville, acaba de extremar esa doctrina, y reclama para la hipótesis el puesto, de prioridad en todas las pesquisas. Creo haber colocado la cuestión en su verdadero lugar. Fácil me será probar que podemos recorrer todo el ciclo de una investigación, sin acudir a la hipótesis.

Me dan un fenómeno o una serie de fenómenos para que explique sus leyes. Si el estado de la ciencia o mis estudios previos me han puesto en posesión de todos los antecedentes capaces de producir aquel resultado, los voy ensayando sucesivamente, es decir, los voy aplicando real o mentalmente hasta encontrar el que en este caso ha entrado en juego: aquí no hay intervención de la hipótesis. Tenemos delante un hombre muerto por una descarga eléctrica y deseamos saber la causa inmediata del suceso; cual de los efectos mortales del rayo ha producido la muerte. Estos efectos son: el espanto, una hemorragia, el traumatismo cerebral, una convulsión violenta de todos los músculos. Puedo ir considerando cada una de estas causas, hasta encontrar que las señales impresas en el cadáver concuerdan con las que ha debido dejar una de ellas. Ya veis, que aquí huelga toda conjetura.

En el ejemplo vulgar que propone Naville: veo de lejos un árbol derribado, y me propongo la pregunta ¿cómo ha sido derribado? Sabiendo, cómo sabemos, las causas que pueden arrancar un árbol de su sitio, si tenemos un poco de calma no necesitamos formar ninguna conjetura; nos bastara acercarnos, y la inspección del objeto nos llevará a elegir entre los antecedentes posibles; sabremos si ha sido arrancado violentamente por una tempestad o sencillamente por la industria humana.

Este mismo caso de fenómenos con varios antecedentes, posibles, me servirá para poner en claro cómo interviene la hipótesis.

Ya hemos visto que puede no intervenir absolutamente. Resulta a veces que conozco todos los antecedentes, como en los casos anteriores, pero mi espíritu se fija desde luego en uno o dos, que son los que verifico; hay aquí una eliminación tan rápida de los otros, que puede llamarse inconsciente; pero en rigor no se puede afirmar que nos hayamos valido de ninguna hipótesis, ni en el sentido de mera conjetura. Pero no puedo conocer solo una parte de los antecedentes posibles, y no convenir ninguno o ser eliminados todos; en este caso, como cuando desconozco los antecedentes y han sido inútiles los procedimientos experimentales, entra en ejercicio la asociación constructiva y suplimos a la deficiencia de nuestros conocimientos o de nuestras observaciones y experiencias con la hipótesis. Como en todas las operaciones en que interviene la imaginación, es muy difícil fijar la génesis psíquica de la hipótesis, no podemos olvidar, ni conocemos suficientemente el trabajo de acumulación que se lleva a cabo en el sujeto, fuera de la región luminosa de la conciencia; sin embargo, y reconocido todo lo que hay en la hipótesis de espontáneo como quiere Naville, es decir de inconsciente e inexplicado, podemos afirmar que no intervienen otras funciones del sujeto fuera de las ya conocidas; pues en la más de la hipótesis vemos generalizaciones por analogía que es un grado menor de la semejanza.

En la famosa hipótesis de los torbellinos de Descartes, pretendía este ilustre maestro explicar el movimiento de los astros, que se suponía circular, por la analogía que presentaba con la moción importada a un cuerpo arrastrado por un torbellino de aire o de agua. La teoría que la ha sustituido, el gran descubrimiento de Newton, comenzó por ser una hipótesis fundada en la analogía. Este sabio conjeturó que la atracción celeste podría ser idéntica a la pesantez terrestre. Comprobada la hipótesis resultó que no se trataba de una mera analogía, sino de una identidad perfecta. Sin acudir a ejemplos tan generales, en el descubrimiento del injerto quirúrgico por el doctor Reverdin, intervino una conjetura sugerida por analogía. Observados el modo con que la epidermis se reforma sobre una cicatriz, y la función que parecen desempeñar los fragmentos de piel aislados a veces en la cicatriz, supuso el observador que un fragmento cualquiera de epidermis colocado sobre la llaga, se implantaría allí y contribuiría a activar la operación.

De todos modos, y comprobando el papel que en gran número de descubrimientos desempeña la hipótesis, lo que más nos interesa es señalar las reglas para su recto uso. En los más de los casos las hipótesis suponen la intervención de agentes reales; entonces se trata solo de comprobar su presencia, sus proporciones y sus relaciones; cae dentro de los límites de la pura experimentación. En otros la hipótesis puede llegar a suponer la intervención de un nuevo agente como en la teoría de las ondulaciones luminosas, o tratar de colocaciones que escapan a los medios directos de verificación, como la teoría atómica o el cuarto estado de la materia; en éstos, como las pruebas han de ser indirectas exigen una escrupulosidad, a medida que se encuentre de acuerdo en sus resultados con mayor número de fenómenos. La teoría de las emisiones lumínicas tropezaba con la grave dificultad de las interferencias; la teoría de las ondulaciones la explica satisfactoriamente; he aquí por qué, a pesar de lo arriesgado de su base fundamental, se sustituyó desde luego a la otra. De modo que también es la experiencia la que decide en última apelación; así que el trabajo de comprobación puede evitarse a veces, porque los resultados adquiridos por la ciencia invalidan desde luego ciertas hipótesis, o demuestran que toda verificación es imposible. En la primera categoría entran, por ejemplo, el movimiento perpetuo y la suspensión de cuerpos graves contra las leyes de la pensatez; en la segunda, multitud de hipótesis, que más parecen creadas para llenar los ocios de gente desocupada, que para estimar el trabajo científico, como la pluralidad de mundos habitados, la existencia de criaturas inteligentes superiores al hombre, el espacio de cuatro dimensiones, etc.

Clasificados los hechos y referidos a leyes, comienza un nuevo trabajo en sentido inverso, que tiene por objeto la aplicación de las leyes descubiertas a los casos prácticos que se presentan; cada caso de aplicación es una nueva prueba de la validez de la ley que contribuye a afianzar. Esto es lo que se llama verificación, sin la cual el espíritu humano no puede dar por terminada su tarea. Una generalización de relaciones es una mera fórmula, que envuelve una promesa, por decirlo así; y la confianza que nos inspira está en razón directa de las ocasiones en que ha cumplido su promesa. La ley nos dice que, dadas tales condiciones, tendrá lugar una transformación de fuerzas o un nuevo arreglo de colocaciones; llegados a la verificación, mientras más veces se conforme el resultado con nuestra expectativa, más se arraigará en nuestro espíritu la convicción de que poseemos una verdadera ley.

La verificación puede llevarse a cabo de dos maneras por la experimentación directa, disponiendo nosotros los arreglos materiales que dan por resultado el cambio solicitado, o, cuando esto es imposible deduciendo mentalmente las consecuencias de los antecedentes, y viendo si conforman con los resultados que tenemos a la vista. Por el primer medio verificamos uno y otro día en los laboratorios la más importantes generalizaciones de la física, la química o la biología.

Por el segundo comprobamos la teoría actual de los ventisqueros o la de las estratificaciones en geología, o la de los eclipses en astronomía. De un modo u otro, la verificación nos vuelve al punto de partida; es la que testifica la validez de nuestras construcciones y la que cierra el ciclo que recorre el espíritu en su viaje de exploración y descubrimiento. Solo terminada la verificación podemos decir si hemos adquirido una ley o una generalización aproximativa; si nos hemos alucinado con un error brillante; si estamos en la frontera extensísima de lo probable; si nos encontramos sobre el terreno firme de la certidumbre.

Aquí tenéis expuesto a grandes rasgos el método, en lo que tiene de permanente y necesario, en lo que exigen las condiciones mismas del ejercicio de nuestra inteligencia. Hemos supuesto al espíritu iniciando su carrera en pos del conocimiento de lo objetivo, y lo hemos seguido paso a paso en toda ella, partiendo del cúmulo de hechos particulares para elevarse a las leyes generales, y volver a lo particular, pero esta vez con la clave de su explicación. Este es el método en su totalidad y generalidad; el método que nos enseña a investigar y descubrir.

Pero, también, el método nos guía cuando solo queremos probar y demostrar. Entonces se nos dan recogidos los datos, y nuestra tarea se reduce a la investigación crítica que depura los procedimientos empleados para su colección; se nos dan formuladas las aproximaciones, las leyes, las causas, y solo nos toca ver si las reglas inductivas y deductivas han sido bien aplicadas, si son válidas y no temerarias las hipótesis; se nos dan los resultados de la verificación, y nuestra tarea se reduce a repetir experiencias o a desarrollar silogismos. Seguimos exactamente las mismas huellas; pero descartando el elemento inventivo, el elemento personal; por eso el método para la prueba no necesita recurrir a la hipótesis.

En cuanto a las aplicaciones especiales del método a las ciencias particulares, no es materia para tratarla en este lugar. Basta decir que es siempre el mismo; predominando solo una u otra de sus partes según el objeto y el estado de cada ciencia. Así por ejemplo, las matemáticas pudieran citarse como un ejemplo de ciencias en que todo el método consiste en la deducción. Sería un error; lo que hay es que las observaciones y verificaciones en lo que al número, la extensión y el movimiento se refieren, llenan toda la vida; estamos recogiendo incesantemente las leyes matemáticas. De aquí ese grado de fijeza que tienen sus generalizaciones, y que la parte constructiva haya podido crecer tan desmesuradamente que parece ocupar toda la ciencia. Otras hay que no han podido pasar del período de observación; otras que están en la actualidad formulando sus leyes; otras que llegan ya al período de aplicación. Cada una escoge, dentro de cada jornada, los medios a que la obliga su naturaleza, o de que hasta allí ha podido disponer; pero esos medios especiales, por más que se llamen impropiamente método tabular, método gráfico. &, no son más que aplicaciones de los procedimientos que dejemos estudiados.

Podemos repetirlo sin temeridad; no hay más que tres grados en esa magna labor que llamó Bacon interpretación de la naturaleza; y no puede ser de otro modo, porque el proceso del espíritu al estudiar lo objetivo está condicionando por esa misma relación fundamental del yo al no yo; no hay más que tres momentos: el sujeto recoge de la naturaleza los datos inconexos, los somete a una elaboración que le es propia, y vuelve a cotejar su obra con la naturaleza que le ha dado los fundamentos. De este modo al principio y al fin está la experiencia; en el centro, en la cúspide, el espíritu con sus actividades. Observar, que es experimentar, generalizar; verificar, que es experimentar.

Esta escala no es la misma de Jacob, cuya cima se perdía en los espacios celestes: pero es una doble escala con la cual, por muchos que ascendamos, estamos siempre seguros de poder bajar hasta el suelo firme. Esta es la conclusión de una lógica, que no ha querido convertirse en auxiliar obcecada de ningún sistema empírico o idealista, positivo o metafísico. Tal vez tiene la modesta pretensión de que, siguiendo sus consejos, se podrá comprobar que ni son depositarios exclusivos de la verdad, ni son en su conjunto un mero tejido de errores; y se podrá quizás llegar a un compromiso entre ellos, cuando se convenzan de que antes, de proponerse el hombre el grave problema que cada uno de ellos plantea a su modo, aún le queda una inmensa labor para llegar al conocimiento de esos dos términos que pretenden desde ahora reducir a ecuación; el sujeto y el objeto. Manteniendo todavía los límites infranqueables que los separan, cree verdaderamente servir a los intereses de la filosofía, que no pueden estar divorciados de los intereses de la ciencia. He aquí otra gran enseñanza, quizás la mayor, del verdadero método. Nos enseña a buscar lo que justifica la obra ajena, la obra adversa, la obra contraria; en una palabra, nos enseña a ser tolerantes.

Conferencias filosóficas. (Primera Serie.) Lógica
Establecimiento tipográfico, O'Reilly no. 9, La Habana, 1888.

El imperialismo a la luz de la Sociología

El Imperialismo

Señor Rector: señoras y señores:

Satisfechos, en verdad, deben sentirse los iniciadores de estas conferencias. Pocas veces hemos visto entre nosotros brotar tan pronto y tan lozana una semilla. En verdad que con discreción y tino singulares, estos iniciadores han sabido, desde los primeros momentos, colocarse en la corriente que hoy impulsa, cada vez más, a los cultivadores de las diversas ciencias que componen la enciclopedia humana, a ponerse en contacto con el pueblo.

....

Lo que llamamos hoy «el imperialismo», es un fenómeno muy antiguo al que se ha dado un nombre nuevo; porque debemos entender —por lo menos en el transcurso de esta conferencia—, por «imperialismo», la forma de crecimiento o integración de un grupo humano, cuando llega expresamente a tener la forma de dominación política, sobre otros grupos diversos, de distinto origen, próximos o distantes del núcleo principal.

Cuando un pueblo ha llegado a ciertas condiciones sociales, que enseguida enumeraré, se limita a extender el radio de su acción en la forma de su antigua organización, a depósitos comerciales colocados a gran distancia del territorio nacional o de la metrópoli: acompaña, por lo general, al fenómeno de expansión, el de la dominación política. El pueblo o grupo primitivo conserva, o procura conservar, la dominación sobre aquellos territorios distantes a que ha extendido su influencia y a los que procura llevar sus leyes y su espíritu; entonces, estamos en presencia del fenómeno del «imperialismo». Para comprenderlo, para aclararlo, necesario es que os diga las condiciones indispensables que permiten a un pueblo colocado a esa altura de crecimiento que supongo, desarrollar con éxito su expansión y constituir un imperio. Son tres condiciones indispensables. Primera: crecimiento, aumento y reconcentración de su población. Segunda: un desarrollo económico que permita la acumulación de capitales y su empleo en las distintas empresas que exige la colonización. Tercera y última: una gran cultura superior mental. Sin estas condiciones toda empresa imperial está condenada a fracasar.

Los dos grandes ejemplos, que hasta ahora conoce el mundo, de expansión imperial, han reunido esas condiciones. Como no conocemos lo presente por la luz que nos viene de lo pasado —aunque éste sea un viejo y muy explicable error—, sino que conocemos lo pasado por la luz que nos da lo presente, lo inmediato, lo que nos rodea, en vez de entretener la atención de mis oyentes refiriendo y haciendo ver cómo el gran Imperio Romano realizó, en la forma que le permitía aquella época, estas condiciones primordiales de la expansión imperial, voy por el contrario, a tomar como punto de partida y de comparación el otro ejemplo, porque está a nuestra vista, porque lo da un pueblo que crece a nuestros ojos, y porque su impulso está arrastrando al mundo en el mismo sentido de expansión: me refiero al pueblo inglés.

Inglaterra presenta el caso más cabal de expansión imperial de que hasta ahora tenga noticias exactas el hombre; y desde luego, toda mi demostración ha de estribar en haceros ver cómo Inglaterra posee en grado sumo y realiza las condiciones que se exigen para que un movimiento de expansión imperial dé el fruto necesario que con él se busca. Pero importa antes de seguir, y para mayor claridad de mi enunciación, que advirtamos lo siguiente:

A primera vista parece lo más sencillo, lo más natural que la expansión se verifique primero, antes que todo partiendo del lugar que ha servido de asiento al pueblo que va a ser colonizador o conquistador, y ejerciéndose sobre los territorios inmediatos.

El crecimiento de Roma fue por continuidad en el territorio, expensas de los pueblos próximos, después llevó su dominación a toda la península itálica; pasó a Sicilia y se extendió luego a España y a la Galia, etc. Su desarrollo es bien conocido. La continuidad aquí, es visible. En nuestro tiempo la expansión natural inmediata no es fenómeno desconocido, pero va siendo cada vez más excepcional; la razón no es porque haya causas especiales, la causa siempre es la misma. La expansión se verifica invariablemente por la línea de menor resistencia; en aquellos tiempos, dada la organización de esas sociedades, los territorios inmediatos, eran los que ofrecían menor resistencia. Roma logró una organización militar superior a la de los pueblos vecinos, por eso su expansión tomó la forma y dirección que acabo de indicar. Pero en estos tiempos hay muchos pueblos sólidamente organizados, que no dejan ver el lado flaco por donde puedan ser atacados, que no descubren fácilmente dónde tienen la línea de menor resistencia. Ya veremos en dónde se encuentra hoy esa línea para las expansiones imperiales, puesto que no es Inglaterra la única que aspira al título imperial y la que desarrolla esa política.

Decía, pues, que son condiciones imprescindibles que permiten una gran expansión, el crecimiento y la concentración de la población; y debe advertir que no entiendo por concentración de la población, únicamente la densidad. Hay un punto más importante que ése, y que es el que principalmente se mira, desde el punto de vista sociológico. Desde luego importan mucho la población absoluta y la población relativa de un país; veremos dentro de poco que a este respecto Inglaterra presenta un ejemplo extraordinario; pero importa mucho más, lo que se ha llamado en nuestro tiempo la «concentración urbana», y sobre todo, en las grandes metrópolis. El fenómeno superior de la socialización, es el número cada vez más creciente de individuos que viven próximos unos o otros, formando las grandes ciudades de nuestros tiempos. El hombre, con la proximidad del hombre, centuplica sus fuerzas, sus fuerzas materiales y sus fuerzas intelectuales. Los grandes laboratorios del progreso humano han estado siempre en las grandes ciudades; y en nuestro tiempo con las facilidades de comunicación, con la atracción irresistible que ejercen, han merecido de un poeta ilustre el título de «ciudades tentaculares», como si quisiera decir que atraen con sus tentáculos las fuerzas dispersas por los campos. Esta concentración, con todos sus inconvenientes, es, sin embargo, la que permite el desarrollo extraordinario de la civilización actual; son las metrópolis, los grandes laboratorios, he dicho, del pensamiento director, y son, al mismo tiempo, los grandes laboratorios de la potencia económica de los pueblos, el asiento de las grandes instituciones de crédito y centro de las grandes vías de comunicación; donde, en una palabra, palpita y se concentra toda la savia y toda la sangre de un cuerpo social.

El fenómeno de la urbanización no está exento de grandes riesgos; pero si nosotros esparciéramos por un territorio cualquiera la población concentrada en las capitales y grandes ciudades, inmediatamente la veríamos bajar de su nivel social.

El inicio más claro que hoy tenemos para poder apreciar la potencia social de un pueblo, está precisamente en el número de sus grandes ciudades. A este respecto, la población del Reino Unido, la población que se concentra en esas dos islas, una bastante menor que Cuba, y la otra solo dos veces mayor que Cuba, es en la actualidad de más de cuarenta y dos millones de habitantes; y, sin embargo, esto es todavía pobre indicio de la potencia de ese Reino. Si consideramos la repartición de sus habitantes entre el campo y las ciudades, se presenta un fenómeno único en la historia; del 60 al 70 % de los habitantes del Reino Unido, viven en ciudades y solo el 30 % ocupa los campos. Y aquí considero a la par la población de la Gran Bretaña y la población de Irlanda; pero si descartamos a Irlanda y Escocia, el fenómeno se acentúa, porque en Inglaterra y Gales la población urbana llega al 77 %.

Y si consideramos por otro aspecto el mismo fenómeno si contamos con los verdaderos centros de atracción de la vitalidad social, que son —por un procedimiento artificial, desde luego— las ciudades mayores de cincuenta mil almas (y digo artificial porque se escoge este número, lo mismo que pudiera ser otro algo superior o inferior) las ciudades éstas son, solamente en Inglaterra, setenta y seis, y en las dos islas llegan a ochenta y cinco. Entre ellas se encuentran poblaciones que exceden de quinientos mil habitantes, y poblaciones que se aproximan al millón; y sobre todo, se encuentran agrupados en esa enorme capital cuyos límites casi no se conocen, que casi se confunden con el condado que lleva su nombre, donde se mueven y agitan, más de cuatro millones quinientos mil habitantes. Y esto refiriéndonos exclusivamente a lo que puede considerarse la ciudad y el condado de Londres, porque si añadimos los que se encuentran en el «Outer Ring» y forman con los primeros el «Greater London», entonces llega a seis millones ochocientos mil el número de los congregados en ese espacio. Y si queremos compendiar en una sola cifra la densidad de esa población, me bastará decir que en Londres, llega a más de treinta y ocho mil habitantes por milla cuadrada. Hasta hoy no se había presenciado jamás una concentración tan estupenda de fuerzas sociales.

Este es, pues, el primer requisito que necesita un pueblo para la expansión; población numerosa y concentrada.

Dije que la segunda condición era un gran desarrollo económico: el aprovechamiento de todas las fuerzas sociales al servicio de la producción de las utilidades, de su repartición y de su disfrute. La organización económica de Inglaterra presenta también un ejemplo único en la historia de la economía: es el pueblo que ha realizado y está realizando, la forma más elevada de la evolución comercial. Hace mucho tiempo que dejó de ser Inglaterra un país agrícola; hace mucho tiempo, también, que pasó Inglaterra de la etapa del período industrial. Inglaterra se encuentra en pleno período comercial, que se caracteriza de esta suerte:

Importa los productos agrícolas y los paga con productos industriales.

Si el tiempo me alcanza, y lo procuraré, haré ver cómo la situación económica y la estructura económica de Inglaterra presentan el tipo opuesto a aquél en que nos encontramos nosotros. Para llegar al período comercial, se necesita elevarse el grado de producción sorprendente que constituye a Inglaterra en un inmenso taller, a donde van las materias primas adquiridas en toda la tierra, para convertirse en los productos fabriles que pagan sus consumos. Situación sorprendente, que no deja de asustar a veces al pensador, cuando se advierte cómo es absolutamente necesario que se rompa uno solo de los mil hilos sutiles que unen este gran centro con sus posesiones de todo el orbe, para que no se interrumpa un solo instante la vida concentrada en ese gran corazón. Este enorme desarrollo industrial supone la inmensa plétora de capitales circulantes que ofrece Inglaterra. ¿Quién ignora que es Inglaterra el gran mercado del dinero del mundo, la reguladora de todas las transacciones comerciales?

Pero también se necesitan otras condiciones no menos importantes que las primeras. Aunque no podemos, de ningunas suerte, decir que sea Inglaterra la única que muestra este fenómeno de extraordinaria concentración de habitantes y de sorprendente desarrollo económico, es indudable que su posición resulta excepcional a este respecto. Pero además de necesita una gran cultura, un alto nivel de civilización; puesto que esta sociedad asume el papel de directora, y para dirigir parece condiciones primera, no me atrevo a decir indispensable, el tener clara la vista y muy pobladas de ideas las mentes. Esta sociedad, pues, que se presenta en la escena del mundo como directora, necesita una gran civilización en la forma de cultura mental. Yo no puedo en estos momentos detenerme a demostrar que Inglaterra, si no ocupa a este respecto, la situación privilegiada que acabo de indicar, no es eclipsada por ninguna otra de las contemporáneas en su gran desarrollo de cultura política. A esto debe el haber ofrecido al mundo con el imperio colonial más vasto, los más distinguidos y felices administradores de que pueda enorgullecerse ninguna otra nación; desde aquel famoso Lord Durham, de gran recordación para los americanos, hasta Sir Alfred Milner, cuya gestión en Egipto es una maravilla. Inglaterra ha podido llevar a su inmenso imperio hombres que han estado siempre a la altura de los difíciles empeños que se les han encomendado. Necesario me es no detenerme demasiado en estas consideraciones, por interesantes que pudieran parecer; vamos, pues, ahora, a considerar el otro aspecto del problema.

Nosotros vemos por estas rápidas pinceladas, qué fuerza humana posee la mayor concentración de habitantes; la hemos de ver ahora en su obra de expansión al exterior. ¿Cuál será la línea de menor resistencia?

Sabemos, porque la historia de la Inglaterra colonial es bien conocida, en qué distintos lugares del planeta ha ido asegurando su dominio; pero no es esto lo que nos interesa en estos momentos. Vamos a considerar de preferencia su expansión más reciente. Esa inmensa zona, que se extiende treinta grados al norte y treinta grados al sur del Ecuador, es el gran campo actual de las empresas coloniales del mundo entero. Los países tropicales son, por circunstancias que señalaremos, los que presentan mayores atractivos el espíritu de empresa, y también la más débil resistencia al espíritu de expansión. Sí, esta hermosa zona, que puede ser cantada con tan bellos acentos por el poeta americano Bello, ofrece todas las materias primas que necesita y demanda la gran industria moderna.

Inglaterra gasta trescientos millones anuales en algodón caucho, yute, marfil, plumas, goma, seda, caoba, etc.; ciento cinco millones de azúcar, café, tabaco, té y especias; y éstas son cifras muy significativas. En un tiempo Inglaterra contendió por el dominio de la América del Norte; en nuestros tiempos todas las guerras coloniales inglesas están circunscriptas por esa zona de sesenta grados a que he aludido. Basta decir que en un período de dieciseis años ha realizado Inglaterra en esta zona diecinueve anexiones; unas con el nombre franco de colonias; otras con el nombre de protectorados. Estas anexiones, producto de dieciseis años de esfuerzos por parte de la metrópoli, comprenden territorios como la Nigricia, que tiene cuatrocientas cincuenta mil millas cuadradas, y treinta millones de habitantes; territorios como Rhodesia, que posee cuatrocientas setenta mil millas cuadradas; como el África Oriental Británica, que se extiende por ochocientas sesenta mil millas cuadradas; como el Sudán, que tiene novecientas cincuenta mil millas cuadradas y diez millones de habitantes, y como florón de esa corona, las históricas repúblicas de Orange y del Transvaal, con ciento cincuenta y siete mil millas cuadradas y un millón trescientos mil habitantes, que en su heroica lucha por la independencia, se mostraron, y son realmente, excelentes tipos de la especie humana, moral y materialmente considerados en estos dieciseis años, las anexiones inglesas han llegado a estas dos cifras, que por sí solas son demostrativas: tres millones setecientas once mil millas cuadradas de territorio y cincuenta y siete millones de habitantes; comprenderéis que dejo los residuos, porque cargarían inútilmente mi memoria, y por otra parte no son indispensables a mi demostración.

Tres millones setecientas once mil millas cuadradas, parecen solo números; pero si ponemos de un lado la extensión territorial de Europa, adquieren relieve; la extensión territorial de Europa, es de tres millones setecientas cincuenta y siete mil millas cuadradas; es decir, que en dieciseis años ha aumentado el imperio inglés en una proporción igual casi a Europa. Considerando el dominio británico actual, pasa de once millones setecientas mil millas cuadradas su territorio; es decir, tres veces largas, el área de Europa; su población es de trescientos cinco millones, que casi equivalen a los trescientos cincuenta de Europa.

No quiere esto decir, desde luego, que tan inmensa área territorial, ni tan enorme población, puedan desarrollar con mucho la fuerza que desarrolla la población grandemente concentrada de Europa; pero estando como está, la cabeza del imperio en pleno mundo europeo, disfrutando todas las ventajas de su civilización, esta fuerza bien dirigida presenta uno de los más grandes problemas, no de la historia contemporánea, sino de la historia del mundo en el pasado y en el porvenir próximo.

Veamos ahora si podemos explicarnos por qué tomado la expansión inglesa, y —tratan de seguir sus huellas los otros imperios en formación—, por qué ha tomado la expansión imperial inglesa, digo, su campo en estas tierras tropicales. Las causas son de orden profundamente social, porque son de orden esencialmente económico.

Inglaterra había gozado de veinte años de inaudita prosperidad, poco después de mediado el siglo anterior; el primer campo de su expansión económica, por determinadas circunstancias, fue Europa, perfectamente organizada y altamente civilizada, ofrecía demasiada resistencia para un intento de dominación. En cambio, los ingleses fueron, si no los constructores materiales de todas las líneas férreas europeas, los que facilitaron buena parte de capital para ello. La industria inglesa, especialmente la metalúrgica, encontró sus primeros mercados en las naciones europeas; pero nosotros conocemos el desarrollo moderno de esos pueblos, y sabemos cómo pronto dejaron de ser un campo para la expansión económica de Inglaterra. Aun los territorios más atrasados de Europa, comenzaron a despertar a la vida industrial; y hoy como no sean algunos de esos antiguos principados danubianos, convertidos en países autónomos e independientes, ya Europa está cerrada al influjo exclusivo de la fuerza económica de aquella nación. Ha sido necesario buscar desaguadero a su inmensa producción, buscar dónde emplear un capital ocioso, procurar que los múltiples productos de esa industria metalúrgica, que ocupa casi la cuarta parte del trabajo inglés, no se estancara sin salida. Y estos pueblos tropicales, ricos en materias primas y productos agrícolas, con población en buena parte atrasada, presentaban mercado abierto y fácil de explotar tierras donde extender los rieles, empleo en fin, para ese capital ocioso, campo, en una palabra, para esa expansión económica, que se encontraba ahogada en las Islas.

Y entonces comenzó esa gran desviación de las corrientes comerciales de Inglaterra. En los últimos dieciseis años que hemos tomado como punto de comparación, si cotejamos el comercio de Inglaterra en sus colonias no situadas en las tierras tropicales, veremos que por cierto de sus aspectos disminuye, mientras crece constantemente el comercio en las colonias situadas en esa zona que me he referido. Pudiera leer las cifras que tengo aquí a mano, pero no lo creo necesario; basta con decir que el tonelaje de los navíos ingleses, entregados y descargados, es actualmente mayor en estas colonias, que en las primeras; basta con decir que la evasión de capitales ingleses es infinitamente mayor en los países tropicales y subtropicales que en los otros, basta con decir que el número de vías férreas construidas en los últimos años en estos territorios tropicales, llega a la cifra de treinta mil millas. Así por ejemplo, la India tiene tomadas 600 millones de dólares a capitales ingleses; El Cabo y el Natal, que por ciertas circunstancias deben ir con esas colonias, dados su población y los jornales que emplean les deben ciento cincuenta millones y las oras tierras de esta índole cincuenta millones.

Pudiera continuar una demostración que juzgo ociosa; pudiera haceros ver por qué son éstas las tierras que se brindan a esa explotación, y las que no pueden oponerle la única barrera posible: que es una civilización igual a aproximada; y me limitaré solo a hacer ver cómo este gran movimiento no ha podido producirse sin cambios apreciables en las ideas reinantes en la metrópoli, sin doctrinas que haya servido de base a este movimiento; porque nada es más interesante de notar, que la facilidad con que los hombres discurren teorías que vengan a dar forma de imperativo mental a las exigencias de la práctica.

Inglaterra llevada a esta expansión, ha encontrado pronto sus «teorías de la expansión», y sus «teóricos de la expansión»; y los sabios en sus laboratorios y gabinetes, como Darwin y Hurley, iban a dar armas que los partidarios de la conquista y de la anexión, sabrían tener afiliadas y dispuestas; iban a servir de intérpretes a todas esas secretas necesidades que impulsaban a su pueblo. Pero os juzgo ya un poco cansados, y no he de tenerme en la exposición de las doctrinas que esparcieron los grandes hombres de la primera mitad del siglo pasado, y hacer notar cómo han cambiado ya, cómo la tierra misma del libre cambio parece aproximarse, poco a poco, a un nuevo sistema de mal disfrazado proteccionismo; y los hombres que proclamaron más alto los derechos de los oprimidos, aquellos mismos que realizaron lo que el historiador Lecky, llamó «una de las tres o cuatro acciones completamente morales que han ejecutado los hombres en el transcurso de su historia» la campaña abolicionista, esos mismos sancionan el régimen del trabajo obligatorio en sus colonias del Cabo y del Natal, hasta el punto de introducirlo en Orange y el Transvaal y proclaman el derecho a la guerra y la conquista, con tanta fuerza y convicción, como el que fue el cerebro para la estrategia y el instrumento para la acción del emperador Guillermo, el Mariscal Molke.

Leyendo a sus escritores actuales, a sus poetas y sus novelistas, puede notarse fácilmente el cambio que han sufrido las ideas inglesas; bastaría poner aquellas páginas que parecían bañadas de lo que llamó Shakespeare «la leche de la ternura humana», que escribió Dickens, al lado de las páginas que parecen grabadas en duro acero, que escribe el novelista del imperialismo, y poeta también, Rudyard Kipling. Pero esta demostración me llevaría muy lejos; me basta con decir que el impulso de este gigantesco movimiento, todo va cambiando en la orientación mental de ese gran pueblo; y a la par que van sus ejercicios y sus comerciantes extendiendo su imperio, el pueblo de la metrópoli encuentra en sus sabios, en sus filósofos, en sus literatos, en sus políticos, los amamantadores de las ideas que han de poner en correspondencia su actividad con sus necesidades y aspiraciones.

Y, cual última demostración, vais ahora a ver cómo todo ese movimiento expansionista no ha sido la obra exclusiva de los conservadores ingleses. En todo el gran período de expansión, a partir de 1871, ha habido quince Ministros «tories» y trece liberales. El gran defensor de los armenios, el ilustre Gladstone, aquél que en sus últimos tiempos abogó elocuentemente por la autonomía de Irlanda, no se dio menos prisa en ello, que su gran émulo, Lord Salisbury. Basta recordar que gobernando Gladstone, pusieron los ingleses el pie en Egipto temporalmente, y no han encontrado aún modo de levantarlo. El último triunfo de su diplomacia ha traído la consagración de su prolongada ocupación. Paréceme que estas breves indicaciones bastan para hacer ver: primero, cómo se ha realizado el cúmulo de condiciones que han permitido esa extraordinaria expansión territorial; segundo por qué ha tomado esa dirección; y, tercero, cómo han contribuido a ello las ideas del pueblo inglés, convertido al dogma del imperialismo.

Aunque Inglaterra se encuentra colocada a superior altura en el orden de la población, y en el orden económico; aunque esté su cultura en el primer plano y no sea inferior a ningún otro en nuestros tiempos, no podemos decir que sea el único pueblo que toma parte en este movimiento. Alemania procura hoy fundar un imperio colonial; lo procura Francia que tiene ya tomada sus posiciones en África y Asia, y lo procuran también los Estados Unidos de Norteamérica.

Si el tiempo me lo permitiera y entrara en el plan de mi conferencia, podría establecer un paralelo entre el imperialismo inglés y el incipiente imperialismo norteamericano: haría ver cómo causas semejantes en el fundamento, producen consecuencias semejantes; pero no es esto del momento, ni lo consciente ya la extensión que ha tenido esta conferencia. Las formas no son radicalmente las mismas; pero sí lo son las consecuencias. Los Estados Unidos en su expansión encontraron un territorio desocupado y han ido paulatinamente ocupándolo; y, por circunstancias bien conocidas, por la colocación previa de las piezas del tablero político, su expansión hacia las tierras colocadas en los trópicos, han tenido una forma nueva, y en cierto modo se ha detenido. En cierto modo, porque no tiene el aspecto de la dominación política; pero no se puede dejar de ver, y es bien fácil verlo, teniendo en cuenta lo que significa el desenvolvimiento reciente de la Doctrina de Monroe, que los Estados Unidos han trazado una inmensa esfera de influencia en torno suyo, en que están comprendidos todos los países tropicales de América. Y no es lo más grave ni lo más importante que los Estados Unidos hayan trazado esa inmensa esfera de influencia en torno suyo, lo más importante es que Europa reconoce plenamente el derecho.

En esta virtud y como no es mi intento, ni lo consiente la índole de este trabajo, que yo me ponga ahora a considerar lo que puede haber en él de favorable o adverso para el desarrollo y la evolución de los pueblos inmediatamente interesados, no entraré, como pudiera en el estudio y examen de este imperialismo, que aún no presenta todos los caracteres del inglés. Pero sí diré que para los países vecinos de la Unión Americana tiene importancia extrema conocer el fenómeno y darse cuenta de su magnitud. Ningún pueblo más interesado que el nuestro en este estudio, porque nosotros nos encontramos precisamente con haber servido para la primera demostración, la más concluyente al menos, de la forma que ha tomado la expansión americana en el cerebro de sus estadistas actuales. Para nosotros ha sido favorable la forma que ha tomado ese movimiento, sumamente favorable; pero lo que nos importa considerar es lo que puede ser en el porvenir, si no próximo, remoto. Es un problema, antes que todo, social; lo cual quiere decir que es un problema sometido a un determinismo que asusta, pero que es necesario conocer.

Nosotros tenemos necesidad de sacar partido favorable a nuestra existencia, como grupo humano, de las condiciones sociales en que nos encontramos y que nos labremos; nosotros necesitamos mantener nuestra unidad política y étnica, frente a fuerzas tremendas que están en acción, que no se dirigen directamente contra nosotros, pero que pudiera en un día dirigirse; entonces el problema se presentaría a mis ojos aterrador. Reducido a sus estrictos límites, pueden condensarse así: Es necesario que no seamos nosotros una línea de menor resistencia. ¿Depende de nosotros? Sí; hasta donde es humanamente posible, diré que depende de nosotros en muy buena parte. No sé yo que la actitud de los hombres ante ningún peligro, nazca de las circunstancias físicas del globo, o nazcan de las leyes que presiden a la vida social, deba ser nunca la del abandono musulmán; no creo que sea actitud digna de ningún hombre, digna de ningún pueblo, la de envolverse la cabeza en el albornoz y esperar que los hados insensibles cumplan su obra. Yo creo que los pueblos que tienen conciencia de su valor moral, están obligados hacer frente a todos los peligros que provengan, lo mismo de la acción desencadenada de los elementos, que de la misteriosa trama de las leyes sociales.

Sí; nosotros debemos y podemos no ser esa línea de menor resistencia; mas, para ello es preciso que tengamos presente cuáles son las leyes salvadoras que presiden el desarrollo y crecimiento de los pueblos.

Nosotros necesitamos aumentar nuestra población; este problema es capital, y ninguno más premioso; pero adviértase que para que crezca la población de un país, no bastan los proyectos más o menos bien intencionados, muchos muy bien intencionados, que puedan nacer en las mentes de los proyectistas bien intencionados sean oficiales o no. No es con proyectos de inmigración por útiles que éstos sean, como se puebla un territorio. Es más difícil y más sencillo al mismo tiempo. Y no voy a enumerar las dificultades; pero sí voy a decir por qué aspectos lo considero sencillo; para atraer pobladores a un país (y ya veis que hablo antes de este aspecto del problema, como pudiera haber hablado del crecimiento espontáneo de la población), para atraer pobladores a un país, decía, es absolutamente necesario que encuentren aquéllos en éste condiciones más ventajosas de vida que la que tienen en el suyo propio. Donde se hace cada vez más cara la vida del obrero, donde crece de día en día el costo de la vida, es una quimera pretender una gran corriente de inmigración. Nuestras leyes fiscales son el grande obstáculo con que hoy tropezamos para este fin. Y si por otra parte, la mejor forma y la más necesaria es el crecimiento propio del grupo humano, advirtamos también que haciendo cada vez más costosa la vida, dificultamos cada vez más el aumento espontáneo y natural de nuestra población.

Yo no conozco nada que sea más digno de meditación por parte de los cubanos que este problema que aquí, rápidamente, planteo. Es necesario convencernos de que no basta desear que crezca la familia cubana, sino que es forzoso primero que podamos brindar beneficios, vida mejor y más elevada a los que vienen, y antes —¿por qué no?— que obtengan beneficios y puedan mejorar y embellecer su vida los que ya estamos aquí.

Y a este problema primordial se une el otro, no menos importante de nuestra organización económica, aspecto de nuestra vida que tanto nos alucina cuando una ráfaga de prosperidad viene de remotas tierras a refrescar la nuestra caldeada. Nuestra organización económica no es buena; no es la que hace ni puede contribuir a que sea cada vez más fácil la vida de los habitantes de Cuba. Pero tampoco puedo entrar en este desenvolvimiento; básteme con decir que nosotros estamos condenados, por nuestra organización económica actual, a importar todos nuestros consumos, y lo que es más grave, todos los elementos de la vida civilizada, para el trabajo, para la comodidad del habitante, para la realización, en fin de todos los fines sociales. Y que estos consumos los pagamos con materias primas, porque están en mantillas aún nuestras industrias. En estas condiciones, la mayor fuerza económica de nuestro país, radica en los intermediarios, en una palabra, es la del comerciante; y todos sabemos que el comercio no está en manos en que convenía estuviese para el buen equilibrio de las fuerzas sociales. Dadas estas condiciones económicas, importaría muy mucho que el comercio atrajera en su mayor parte la actividad de los cubanos; mientras así no sea, nuestra posición económica envuelve un serio peligro para nosotros.

Pero todavía hay una tercera condición; —y ya veis que paso demasiado rápidamente por este problema—, la de la cultura superior. Este es un aspecto no menos importante que los otros. Pero yo no entiendo por cultura superior únicamente la difusión de la ilustración, que ya es mucho: yo entiendo sobre todo, la difusión de ese noble y alto sentimiento que eleva realmente al hombre a su verdadera dignidad; ése que hace que los conciudadanos se aproximen espontáneamente, y se unan por las ideas y por el corazón para una grande obra común. Y yo pregunto si la obra que estamos realizando en estos momentos, es obra de atracción y de concordia de cubanos, o es obra de separación, ¡que envuelve enormes y tremendos peligros!

Por tanto, señoras y señores, si queremos, como debemos, ser un pueblo fuerte, numeroso, progresivo y colocado muy alto en la esfera de la cultura humana, es necesario que veamos bien la senda que seguimos; que no multipliquemos a placer las causas de discordia, y que procuremos, por una vez al menos, aprovechar las circunstancias favorables a nosotros que nos han permitido hacer este gran ensayo. Porque si perdemos esta oportunidad —y yo no quisiera ser profeta de desgracias—, si perdemos esta gran oportunidad quizás en un por venir, no sé, si remoto, pudiera ser muy tarde. Y entonces será en vano que, postrados y vencidos, nos levantemos a medias para increpar a los hados; porque lección bien sabida es ya que los pueblos son los que se labran su propio destino.

Conferencia pronunciada en la Universidad de La Habana, el 11 de enero de 1905

Libros a la carta

A la carta es un servicio especializado para
empresas,
librerías,
bibliotecas,
editoriales
y centros de enseñanza;
y permite confeccionar libros que, por su formato y concepción, sirven a los propósitos más específicos de estas instituciones.

Las empresas nos encargan ediciones personalizadas para marketing editorial o para regalos institucionales. Y los interesados solicitan, a título personal, ediciones antiguas, o no disponibles en el mercado; y las acompañan con notas y comentarios críticos.

Las ediciones tienen como apoyo un libro de estilo con todo tipo de referencias sobre los criterios de tratamiento tipográfico aplicados a nuestros libros que puede ser consultado en Linkgua-ediciones.com.

Linkgua edita por encargo diferentes versiones de una misma obra con distintos tratamientos ortotipográficos (actualizaciones de carácter divulgativo de un clásico, o versiones estrictamente fieles a la edición original de referencia).

Este servicio de ediciones a la carta le permitirá, si usted se dedica a la enseñanza, tener una forma de hacer pública su interpretación de un texto y, sobre una versión digitalizada «base», usted podrá introducir interpretaciones del texto fuente. Es un tópico que los profesores denuncien en clase los desmanes de una edición, o vayan comentando errores de interpretación de un texto y esta es una solución útil a esa necesidad del mundo académico.

Asimismo publicamos de manera sistemática, en un mismo catálogo, tesis doctorales y actas de congresos académicos, que son distribuidas a través de nuestra Web.

El servicio de «Libros a la carta» funciona de dos formas.

1. Tenemos un fondo de libros digitalizados que usted puede personalizar en tiradas de al menos cinco ejemplares. Estas personalizaciones pueden ser de todo tipo: añadir notas de clase para uso de un grupo de estudiantes,

introducir logos corporativos para uso con fines de marketing empresarial, etc. etc.

2. Buscamos libros descatalogados de otras editoriales y los reeditamos en tiradas cortas a petición de un cliente.

www.ingramcontent.com/pod-product-compliance
Lightning Source LLC
Chambersburg PA
CBHW050902180626

46814CB00007B/2848